普通高等教育"十二五"规划教材

现代教育技术实验指导及技能训练

主　编　张　凯　刘益和　张艳琼

副主编　胡晓容　卿立兴　唐年庆　李　尧

内 容 提 要

本书是根据教育部办公厅印发的《中小学教师信息技术应用能力标准（试行）》（教师厅〔2014〕3号）和《中小学教师信息技术应用能力培训课程标准（试行）》（教师厅〔2014〕7号）及"现代教育技术"课程的教学目标要求和特点，针对理论教学与实验教学的情况而编写的，是《现代教育技术任务驱动教程》的配套教材。

全书分为"上机实验指导"和"技能训练与参考答案"两部分。"上机实验指导"部分安排了网络教学资源的获取与利用、教学中图像素材的处理与应用、教学中声音素材的处理与应用、教学中视频素材的处理与应用、教学中动画素材的处理与应用、信息化教学教案设计、微视频设计与制作、微课程设计与制作等章节的40个实验，每个实验包括实验目标、实验要求、实验内容、实验过程和步骤、自主实验任务、实验知识拓展部分；"技能训练与参考答案"部分围绕理论教学内容给出了对应的技能训练习题及参考答案。

本书可作为师范生"现代教育技术"公共课教材、中小学教师教育技术技能培训教材、教育技术学专业技能培训教材或参考书，读者对象包括广大师范生、中小学教师、教育技术研究者等。

图书在版编目（CIP）数据

现代教育技术实验指导及技能训练 / 张凯，刘益和，张艳琼主编. -- 北京：中国水利水电出版社，2015.6
普通高等教育"十二五"规划教材
ISBN 978-7-5170-3173-4

Ⅰ. ①现… Ⅱ. ①张… ②刘… ③张… Ⅲ. ①教育技术学－高等学校－教材 Ⅳ. ①G40-057

中国版本图书馆CIP数据核字(2015)第101668号

策划编辑：寇文杰	责任编辑：张玉玲	封面设计：李 佳

书 名	普通高等教育"十二五"规划教材 **现代教育技术实验指导及技能训练**
作 者	主 编 张 凯 刘益和 张艳琼 副主编 胡晓容 卿立兴 唐年庆 李 尧
出版发行	中国水利水电出版社 （北京市海淀区玉渊潭南路1号D座 100038） 网址：www.waterpub.com.cn E-mail：mchannel@263.net（万水） 　　　　sales@waterpub.com.cn 电话：（010）68367658（发行部）、82562819（万水）
经 售	北京科水图书销售中心（零售） 电话：（010）88383994、63202643、68545874 全国各地新华书店和相关出版物销售网点
排 版	北京万水电子信息有限公司
印 刷	北京泽宇印刷有限公司
规 格	184mm×260mm　16开本　10印张　240千字
版 次	2015年6月第1版　2015年6月第1次印刷
印 数	0001—3000 册
定 价	22.00元

凡购买我社图书，如有缺页、倒页、脱页的，本社发行部负责调换

版权所有·侵权必究

前　言

　　信息技术应用能力是信息化社会教师必备的专业能力，为全面提升中小学教师的信息技术应用能力，促进信息技术与教育教学深度融合，目前各级学校非常重视教师信息技术应用能力的提升，高校对现代教育技术公共课进行以能力提升为目标的课程改革，对中小学教师进行新一轮的信息技术应用能力提升培训工作。

　　全书分为两大部分：第一部分"上机实验指导"，安排了网络教学资源的获取与利用、教学中图像素材的处理与应用、教学中声音素材的处理与应用、教学中视频素材的处理与应用、教学中动画素材的处理与应用、信息化教学教案设计、微视频设计与制作、微课程设计与制作等章节的40个实验，每个实验包括实验目标、实验要求、实验内容、实验过程和步骤、自主实验任务、实验知识拓展部分；第二部分"技能训练与参考答案"，围绕理论教学内容，为加深理解和强化理论知识给出了与各章对应的技能训练习题及参考答案。另外，提供了每个实验的PPT演示文稿、操作视频教程以及素材。本书具有以下特点：

　　（1）注重实验内容的选取，突出对教师信息技术应用能力的培养。

　　（2）与时俱进，适应基本要求，与当前最新的教学技术、学习技术接轨。

　　（3）实验项目采用任务驱动方式编写，循序渐进，由浅入深。

　　本书由张凯副教授、刘益和教授、张艳琼副教授任主编，胡晓容、卿立兴、唐年庆、李尧任副主编。具体编写分工如下：张凯编写第1、7章；卿立兴编写第2、5、16章；胡晓容编写第3、4、11、13章；张艳琼编写第6、8、15章；刘益和编写第9、10章；唐年庆编写第12章；李尧编写第14章；张凯负责教材统稿、基础性材料准备工作，张艳琼、胡晓容、卿立兴负责教材校稿，计算机科学学院2012级信息技术教育专业张悦、邓静、姜兰、李青、隆慧等同学负责资料收集、文稿校对等工作。在编写过程中，编者得到了许多专家、同行以及中国水利水电出版社编辑的指导与帮助，得到了"四川省教改项目－基于计算机应用能力提升的计算机基础课程教学改革（编号：JG20149-278）""四川省卓越工程师教育培养计划——软件工程专业"（川教函〔2013〕750号）"四川省教育综合项目－软件工程化人才培养"改革经费的支持，谨在此表示深深的谢意。

　　本书既可作为《现代教育技术任务驱动教程》的配套教材，也可单独作为实验指导和技能训练教材使用。由于本书的知识面广，需要将众多知识很好地贯穿起来，难度较大，加之编写时间仓促，不足之处在所难免，为便于以后教材的修订，恳请专家、教师及读者多提宝贵意见。

编　者
2015年3月

目　　录

前言

第一部分　上机实验指导

第 1 章　网络教学资源的获取与利用 ⋯⋯⋯ 1
　1.1　实验目的 ⋯⋯⋯⋯⋯⋯⋯⋯⋯⋯⋯⋯ 1
　1.2　实验任务与要求 ⋯⋯⋯⋯⋯⋯⋯⋯⋯ 1
　1.3　实验知识要点 ⋯⋯⋯⋯⋯⋯⋯⋯⋯⋯ 2
　1.4　实验过程与步骤 ⋯⋯⋯⋯⋯⋯⋯⋯⋯ 2
　　1.4.1　实验 1　网页限制文本教学资源的
　　　　　　获取方法 ⋯⋯⋯⋯⋯⋯⋯⋯⋯ 2
　　1.4.2　实验 2　常用图形图像教学资源的
　　　　　　获取方法 ⋯⋯⋯⋯⋯⋯⋯⋯⋯ 2
　　1.4.3　实验 3　常用网络视频教学资源的
　　　　　　获取方法 ⋯⋯⋯⋯⋯⋯⋯⋯⋯ 4
　　1.4.4　实验 4　常用音频教学资源的获取
　　　　　　方法 ⋯⋯⋯⋯⋯⋯⋯⋯⋯⋯⋯ 4
　　1.4.5　实验 5　常用动画教学资源的获取
　　　　　　方法 ⋯⋯⋯⋯⋯⋯⋯⋯⋯⋯⋯ 7
　1.5　自主实验任务 ⋯⋯⋯⋯⋯⋯⋯⋯⋯⋯ 8
　1.6　实验知识拓展——文本教学资源的获取
　　　方法 ⋯⋯⋯⋯⋯⋯⋯⋯⋯⋯⋯⋯⋯⋯ 8

第 2 章　教学中图像素材的处理与应用 ⋯⋯ 10
　2.1　实验目的 ⋯⋯⋯⋯⋯⋯⋯⋯⋯⋯⋯ 10
　2.2　实验任务与要求 ⋯⋯⋯⋯⋯⋯⋯⋯ 10
　2.3　实验知识要点 ⋯⋯⋯⋯⋯⋯⋯⋯⋯ 11
　2.4　实验过程与步骤 ⋯⋯⋯⋯⋯⋯⋯⋯ 11
　　2.4.1　实验 1　教学图片大小的基本处理 ⋯⋯ 11
　　2.4.2　实验 2　教学图片多余信息的处理 ⋯⋯ 13
　　2.4.3　实验 3　教学图片颜色效果的处理 ⋯⋯ 16
　　2.4.4　实验 4　教学图片艺术效果的处理 ⋯⋯ 17
　　2.4.5　实验 5　《现代教育技术》多媒体课件
　　　　　　界面的设计与制作 ⋯⋯⋯⋯⋯ 19
　2.5　自主实验任务 ⋯⋯⋯⋯⋯⋯⋯⋯⋯ 23

　2.6　实验知识拓展——在 Photoshop 中钢笔
　　　工具怎么用 ⋯⋯⋯⋯⋯⋯⋯⋯⋯⋯⋯ 25

第 3 章　教学中声音素材的处理与应用 ⋯⋯ 26
　3.1　实验目的 ⋯⋯⋯⋯⋯⋯⋯⋯⋯⋯⋯ 26
　3.2　实验任务与要求 ⋯⋯⋯⋯⋯⋯⋯⋯ 26
　3.3　实验知识要点 ⋯⋯⋯⋯⋯⋯⋯⋯⋯ 27
　3.4　实验过程与步骤 ⋯⋯⋯⋯⋯⋯⋯⋯ 27
　　3.4.1　实验 1　教学音频的录制与提取 ⋯⋯ 27
　　3.4.2　实验 2　教学音频的裁剪与合并 ⋯⋯ 29
　　3.4.3　实验 3　教学音频音量大小的处理 ⋯⋯ 31
　　3.4.4　实验 4　教学音频的噪声处理 ⋯⋯ 34
　　3.4.5　实验 5　古诗《黄鹤楼》朗读录音
　　　　　　和处理 ⋯⋯⋯⋯⋯⋯⋯⋯⋯⋯ 36
　3.5　自主实验任务 ⋯⋯⋯⋯⋯⋯⋯⋯⋯ 36
　3.6　实验知识拓展——电脑没有声音的
　　　解决方法 ⋯⋯⋯⋯⋯⋯⋯⋯⋯⋯⋯⋯ 36

第 4 章　教学中视频素材的处理与应用 ⋯⋯ 39
　4.1　实验目的 ⋯⋯⋯⋯⋯⋯⋯⋯⋯⋯⋯ 39
　4.2　实验任务与要求 ⋯⋯⋯⋯⋯⋯⋯⋯ 39
　4.3　实验知识要点 ⋯⋯⋯⋯⋯⋯⋯⋯⋯ 40
　4.4　实验过程与步骤 ⋯⋯⋯⋯⋯⋯⋯⋯ 40
　　4.4.1　实验 1　从媒体中提取教学视频 ⋯⋯ 40
　　4.4.2　实验 2　教学视频的裁剪与合并 ⋯⋯ 42
　　4.4.3　实验 3　教学视频格式的转换 ⋯⋯ 44
　　4.4.4　实验 4　教学视频的效果处理 ⋯⋯ 48
　　4.4.5　实验 5　《我的大学生活》电子
　　　　　　相册制作 ⋯⋯⋯⋯⋯⋯⋯⋯⋯ 50
　4.5　自主实验任务 ⋯⋯⋯⋯⋯⋯⋯⋯⋯ 53
　4.6　实验知识拓展——视频采集 ⋯⋯⋯ 53

第 5 章　教学中动画素材的处理与应用 ⋯⋯ 57

5.1 实验目的 57
5.2 实验任务与要求 57
5.3 实验知识要点 58
5.4 实验过程与步骤 59
 5.4.1 实验1 逐帧动画制作 59
 5.4.2 实验2 形状补间动画制作 61
 5.4.3 实验3 运动补间动画制作 64
 5.4.4 实验4 遮罩动画制作 67
 5.4.5 实验5 引导路径动画制作 70
5.5 自主实验任务 72
5.6 实验知识拓展——动画制作 73

第6章 信息化教学教案设计 76

6.1 实验目的 76
6.2 实验任务与要求 76
6.3 实验知识要点 76
 6.3.1 课堂教学设计及信息化教学教案编制 76
 6.3.2 教学流程图设计工具软件介绍 78
6.4 实验过程与步骤 79
 6.4.1 实验1 Edraw Max 软件的学习 79
 6.4.2 实验2 流程图绘制 82
 6.4.3 实验3 Edraw Max 绘制思维导图 85
 6.4.4 实验4 以教为主的课堂教学设计一般模式 86
 6.4.5 实验5 以学为中心的教案设计 88
6.5 自主实验任务 90
6.6 实验知识拓展——思维导图的绘制步骤和绘制规则 92

 6.6.1 思维导图的绘制步骤 92
 6.6.2 思维导图的绘制规则 92

第7章 微视频设计与制作 93

7.1 实验目的 93
7.2 实验任务与要求 93
7.3 实验知识要点 94
7.4 实验过程与步骤 94
 7.4.1 实验1 教学微视频的录制 94
 7.4.2 实验2 教学微视频的编辑 95
 7.4.3 实验3 教学微视频的字幕制作 97
 7.4.4 实验4 教学微视频的输出 98
 7.4.5 实验5 教学微视频添加测验 99
7.5 自主实验任务 100
7.6 实验知识拓展——直接用数码摄像机拍摄 101

第8章 微课程设计与制作 104

8.1 实验目的 104
8.2 实验任务与要求 104
8.3 实验知识要点 104
8.4 实验过程与步骤 107
 8.4.1 实验1 微课程设计方案 107
 8.4.2 实验2 微课程任务单设计 109
 8.4.3 实验3 制作微课程件 109
 8.4.4 实验4 Camtasia Studio 录屏微课程制作 110
 8.4.5 实验5 手机制作微课程 116
8.5 自主实验任务 118
8.6 实验知识拓展——微课程的评价标准 118

第二部分 技能训练与参考答案

第9章 现代教育技术概述习题 119

9.1 选择题 119
9.2 填空题 120
9.3 判断题 120
9.4 名词解释 121
9.5 论述题 121
9.6 参考答案 121
 9.6.1 选择题 121
 9.6.2 填空题 121
 9.6.3 判断题 122
 9.6.4 名词解释 122
 9.6.5 论述题 122

第10章 教学媒体与多媒体素材的处理习题 123

10.1 选择题 123

10.2 填空题 …… 124
10.3 判断题 …… 124
10.4 名词解释 …… 124
10.5 简答题 …… 124
10.6 论述题 …… 125
10.7 参考答案 …… 125
  10.7.1 选择题 …… 125
  10.7.2 填空题 …… 125
  10.7.3 判断题 …… 125
  10.7.4 名词解释 …… 125
  10.7.5 简答题 …… 125
  10.7.6 论述题 …… 126

第 11 章 网络教学信息获取与利用习题 …… 127
11.1 选择题 …… 127
11.2 填空题 …… 128
11.3 判断题 …… 128
11.4 名词解释 …… 128
11.5 简答题 …… 129
11.6 论述题 …… 129
11.7 参考答案 …… 129
  11.7.1 选择题 …… 129
  11.7.2 填空题 …… 129
  11.7.3 判断题 …… 129
  11.7.4 名词解释 …… 129
  11.7.5 简答题 …… 130
  11.7.6 论述题 …… 130

第 12 章 信息化教学教案设计习题 …… 131
12.1 选择题 …… 131
12.2 填空题 …… 131
12.3 名词解释 …… 131
12.4 简答题 …… 132
12.5 论述题 …… 132
12.6 参考答案 …… 132
  12.6.1 选择题 …… 132
  12.6.2 填空题 …… 132
  12.6.3 名词解释 …… 132
  12.6.4 简答题 …… 133
  12.6.5 论述题 …… 133

第 13 章 多媒体课件制作技术习题 …… 136
13.1 选择题 …… 136
13.2 填空题 …… 137
13.3 判断题 …… 137
13.4 名词解释 …… 137
13.5 简答题 …… 138
13.6 论述题 …… 138
13.7 参考答案 …… 138
  13.7.1 选择题 …… 138
  13.7.2 填空题 …… 138
  13.7.3 判断题 …… 138
  13.7.4 名词解释 …… 138
  13.7.5 简答题 …… 139
  13.7.6 论述题 …… 139

第 14 章 微课程设计与制作习题 …… 140
14.1 选择题 …… 140
14.2 填空题 …… 140
14.3 判断题 …… 140
14.4 名词解释 …… 141
14.5 简答题 …… 141
14.6 论述题 …… 141
14.7 参考答案 …… 141
  14.7.1 填空题 …… 141
  14.7.2 填空题 …… 141
  14.7.3 判断题 …… 141
  14.7.4 名词解释 …… 142
  14.7.5 简答题 …… 142
  14.7.6 论述题 …… 142

第 15 章 MOOCs 平台习题 …… 144
15.1 填空题 …… 144
15.2 名词解释 …… 144
15.3 简答题 …… 144
15.4 论述题 …… 144
15.5 参考答案 …… 144
  15.5.1 填空题 …… 144
  15.5.2 名词解释 …… 145
  15.5.3 简答题 …… 145
  15.5.4 论述题 …… 145

第 16 章　翻转课堂教学习题 …………… 147
　　16.1　选择题 ………………………… 147
　　16.2　填空题 ………………………… 147
　　16.3　判断题 ………………………… 148
　　16.4　名词解释 ……………………… 148
　　16.5　简答题 ………………………… 148
　　16.6　论述题 ………………………… 148
　　16.7　参考答案 ……………………… 148

　　　16.7.1　选择题 …………………… 148
　　　16.7.2　填空题 …………………… 148
　　　16.7.3　判断题 …………………… 148
　　　16.7.4　名词解释 ………………… 149
　　　16.7.5　简答题 …………………… 149
　　　16.7.6　论述题 …………………… 149
参考资料 ……………………………… 150

第一部分 上机实验指导

第1章 网络教学资源的获取与利用

1.1 实验目的

（1）熟练掌握文本教学资源的获取方法。
（2）熟练掌握图形图像教学资源的获取方法。
（3）熟练掌握音频教学资源的获取方法。
（4）熟练掌握视频教学资源的获取方法。

1.2 实验任务与要求

（1）实验1 网页限制文本教学资源的获取方法。

要求：在上网的时候看到喜欢的文本想拷贝下来保存到本地硬盘中慢慢赏析，可是有些网站为了保护自己的内容利用了一部分技术手段让我们无法复制。在有些网站页面中，使用鼠标拖动的办法不能选取文字，当然也不能拷贝网站页面中的文本。

任务：打开网站 http://www.360doc.com/content/07/0720/02/17409_621107.shtml，将网页上的文字复制到 Word 中，并保存成文本文件。

（2）实验2 常用图形图像教学资源的获取方法。

要求：采取多种图像素材获取方法获取图像素材，并利用 Photoshop 软件对获取的素材进行合成与处理，达到图像合成自然、主题突出、色彩和谐的视觉效果，并符合所选课程主题要求。

任务：①利用键盘截取当前桌面。
②利用 HyperSnap-DX 获取图像资源。

（3）实验3 常用视频教学资源的获取方法。

要求：能够按照需要搜索网络视频，通过相关软件下载搜索到的视频。

任务：下载网络 FLV 视频。

（4）实验4 常用音频教学资源的获取方法。

要求：能够从各种视频中提取声音。平常观看视频的时候是否总会被某一段声音、音乐给吸引住，而视频文件太大不好储存，于是想要将视频中的声音、音乐分离出来，做成 MP3 或者其他的音频格式。

任务：利用狸窝超级全能视频转换器提取视频中的声音。

（5）实验 5　常用动画教学资源的获取方法。

要求：动画是利用人的视觉暂留特性快速播放一系列连续运动变化的图形图像，也包括画面的缩放、旋转、变换、淡入淡出等特殊效果。通过动画可以把抽象的内容形象化，使许多难以理解的教学内容变得生动有趣，能够利用百度、搜狗等搜索引擎获取动画教学资源。

任务：利用百度获取 Flash 动画教学资源。

1.3　实验知识要点

主要知识点有文本教学资源的获取与排版、网络上特殊文本资源的获取方法、文本资源的特殊处理、图片教学资源的获取、网络教学视频的下载、音频教学资源的获取与简单处理、动画教学资源的获取。

1.4　实验过程与步骤

1.4.1　实验 1　网页限制文本教学资源的获取方法

方法 1：

步骤 1：用浏览器打开需要复制文本的网页。

步骤 2：选择"文件"→"另存为"命令，在弹出的"保存网页"对话框中选择保存类型，如选择"文本文件.txt"，单击"保存"按钮。

方法 2：

步骤 1：用浏览器打开需要复制文本的网页。

步骤 2：单击"查看"→"Internert 选项"命令，在弹出的对话框中单击"安全"选项卡。

步骤 3：单击"自定义级别"按钮，然后在"重置自定义设置"区域的"重置为"下拉列表框中选择"高"，单击"确定"按钮。

1.4.2　实验 2　常用图形图像教学资源的获取方法

任务 1：利用键盘截取当前桌面。

步骤 1：截图。

- 按 Print Screen SysRq 键对当前屏幕进行抓图，是整个显示屏的内容。
- 先按住 Alt 键，再按 Print Screen 键，是对当前窗口进行抓图。如打开了"我的电脑"窗口后，用此法抓取"我的电脑"窗口的内容。

步骤 2：打开、编辑。

单击"开始"→"所有程序"→"附件"→"画图"命令，选择"编辑"→"粘贴"命令，即可把抓取的图片贴出来，还可以进行简单的编辑。

步骤 3：保存。

选择要保存的类型和路径，输入图片名称，单击"保存"按钮，默认保存为 bmp 格式。

任务 2：利用 HyperSnap-DX 获取图像资源。

（1）抓取特定窗口的图像：捕获特定窗口中的图像是最常用的抓图方式之一，HyperSnap-DX 软件提供的这一功能可以自动识别独立的使用窗口，具体操作方法如下：

步骤 1：启动 HyperSnap-DX 软件。

步骤 2：在 HyperSnap-DX 主界面的菜单栏内选择"捕获"→"窗口或控件"命令，也可以采用快捷键方式 Ctrl+Shift+W。

步骤 3：此时 HyperSnap-DX 主界面最小化，屏幕切换到要捕获图像的界面，拖动鼠标可以看到有一个不断闪动的黑色粗边框，表示选定的窗口。

步骤 4：单击鼠标，窗口被捕获到了，同时屏幕自动切换到 HyperSnap-DX 主界面，捕获到的图像会显示在内容显示区。

（2）抓取选定区域（矩形）内的图像：捕获矩形区域内的图像也是常用的抓图方式之一。与抓取特定窗口中的图像不同，此种方式可以是对任何特定的矩形区域抓图，具体操作方法如下：

步骤 1：启动 HyperSnap-DX 软件。

步骤 2：在 HyperSnap-DX 主界面的菜单栏内选择"捕获"→Region→"选定区域"命令。

步骤 3：此时 HyperSnap-DX 主界面最小化，屏幕切换到要捕获图像的界面，移动十字光标到起始位置，单击鼠标确定起始位置，然后移动光标到终点位置，单击鼠标确定终点位置并捕获该区域图像。

（3）抓取任意区域内的图像：捕获任意区域内的图像是 HyperSnap-DX 软件提供的特色功能之一，它可以实现在捕获窗口中按照手动方式画出的任意闭合图形来抓取图像，具体操作方法如下：

步骤 1：启动 HyperSnap-DX 软件。

步骤 2：在 HyperSnap-DX 主界面的菜单栏内选择 Capture（捕获）→IFreeHand（自由捕获）命令，也可以采用快捷键方式 Ctrl+Shift+H。

步骤 3：此时 HyperSnap-DX 主界面最小化，屏幕切换到要捕获图像的界面。移动十字光标到起始位置，按住鼠标左键并拖动画出任意图形，根据需要画出闭合图形，松开鼠标左键。

步骤 4：单击鼠标捕获此区域的图像，同时屏幕自动切换到 HyperSnap-DX 主界面，捕获到的图像会显示在内容显示区。

（4）同时抓取多个窗口的图像：同时捕获多个窗口内的图像也是 HyperSnap-DX 软件提供的特色功能之一，具体操作方法如下：

步骤 1：启动 HyperSnap-DX 软件。

步骤 2：在 HyperSnap-DX 主界面的菜单栏内选择 Capture（捕获）→IMulti-RegionCapture（多区域捕获）命令，也可以采用快捷键方式 Ctrl+Shift+M。

步骤 3：此时 HyperSnap-DX 主界面最小化，屏幕切换到要捕获图像的界面。移动鼠标到需要捕获的窗口 1，单击鼠标左键确认，此时该窗口反白显示，移动鼠标到需要捕获的窗口 2，单击鼠标左键确认，窗口 2 也反白显示，如此确定若干窗口。

步骤 4：最后按回车键捕获所选窗口，同时屏幕自动切换到 HyperSnap-DX 主界面，捕获到的图像会显示在内容显示区。

（5）抓取按钮：抓取按钮是 HyperSnap-DX 软件提供的特色功能之一，具体操作方法如下：

步骤 1：启动 HyperSnap-DX 软件。

步骤 2：在 HyperSnap-DX 主界面的菜单栏内选择 Capture（捕获）→IButton（按钮）命令，也可以采用快捷键方式 Ctrl+Shift+B。

步骤 3：此时 HyperSnap-DX 主界面最小化，屏幕切换到要捕获图像的界面，移动十字光标到需要捕获的按钮处单击鼠标确认。

步骤 4：屏幕自动切换到 HyperSnap-DX 主界面，一个完整的按钮被捕获下来。

1.4.3 实验 3 常用网络视频教学资源的获取方法

步骤 1：下载维棠 FLV 视频下载软件后用户得到一个安装程序，直接双击 Setup.exe 并按照提示安装维棠 FLV 视频软件即可。安装结束后，用户可点选 ViDown.exe 运行维棠软件。

步骤 2：访问百度或者谷歌搜索视频，找到视频后播放视频，把视频地址栏中的地址复制下来。

步骤 3：启动维棠软件，界面如图 1-1 所示，在维棠工具栏中单击"新建"按钮开始新的下载任务。在填写好相应的内容后单击"确定"按钮，维棠 FLV 视频下载软件即开始分析用户所选择的 FLV 节目的真实地址，找到真实地址后则开始下载用户所需的 FLV 节目。

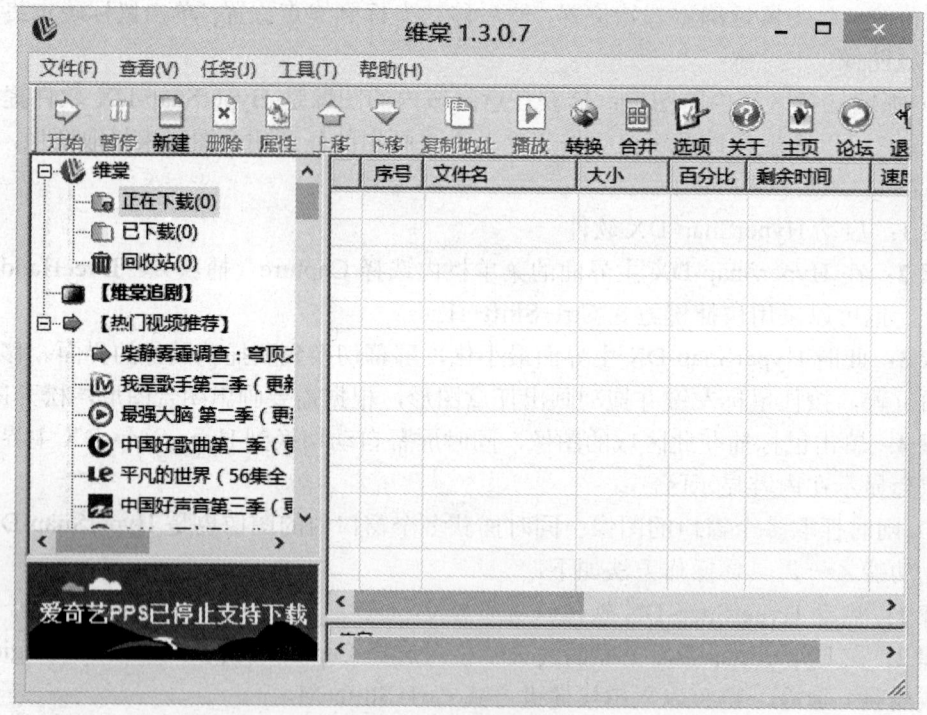

图 1-1　维棠软件界面

1.4.4 实验 4 常用音频教学资源的获取方法

步骤 1：安装打开软件，将视频文件添加进来的方法有两种：一种是单击软件界面左上角的"添加视频"按钮添加，另一种是直接双击软件界面的空白处添加，如图 1-2 所示。

第1章　网络教学资源的获取与利用

图1-2　添加视频

步骤2：视频文件添加进来后，单击"视频编辑"按钮进入视频编辑功能面板，里面有视频截取、剪切、效果、水印等功能，选择"截取"，移动进度条两端的截取按钮来选择要提取声音的视频范围，如图1-3所示。

图1-3　截取

步骤3：声音范围截取好后单击"确定"按钮回到主界面。鼠标移至"预置方案"选框的右边，单击旁边的一个图标进入高级选项面板，其中有"视频"和"音频"两个复选项，去掉对"视频"的勾选，表明此时视频和音频将被分离，单击"确定"按钮，如图1-4所示。

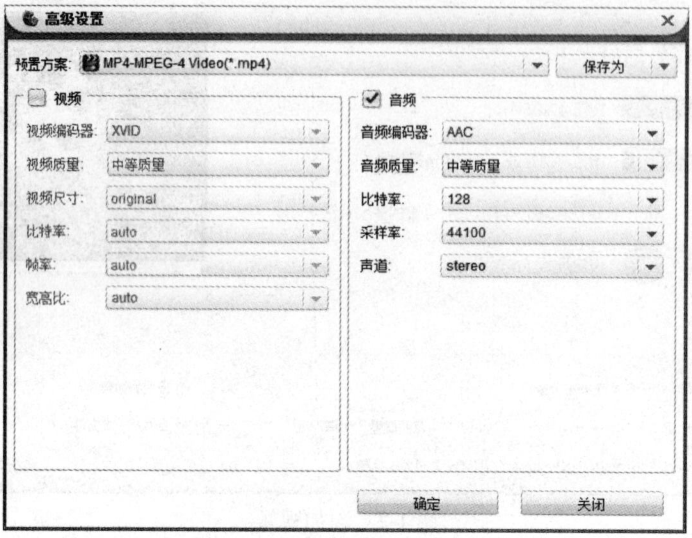

图1-4 视频和音频分离选项

步骤4：想要将视频中的声音转换成什么样的音频格式？单击"预置方案"下拉列表框，在"常用音频"选项中有许多音频格式供用户选择，如*.mp3/aac、ac3、aiff、amr、m4a、mp2、ogg、ra、au、wav、wma、mka、flac（无损）、wav（无损）等，如图1-5所示。

图1-5 输出格式

步骤5：为视频中分离出来的声音选择好音频格式后，还可以选择设置声音的音频质量和输出文件路径等，这些都设置好了可以单击软件界面右下角的圆形按钮来分离视频的声音。

1.4.5 实验5 常用动画教学资源的获取方法

步骤1：打开百度，输入关键词"swf"加课件名称，如"swf 小学英语课件"，找到并打开包含动画的网页。

步骤2：单击 IE 菜单栏中的"工具"→"Internet 选项"命令，弹出如图1-6所示的对话框。

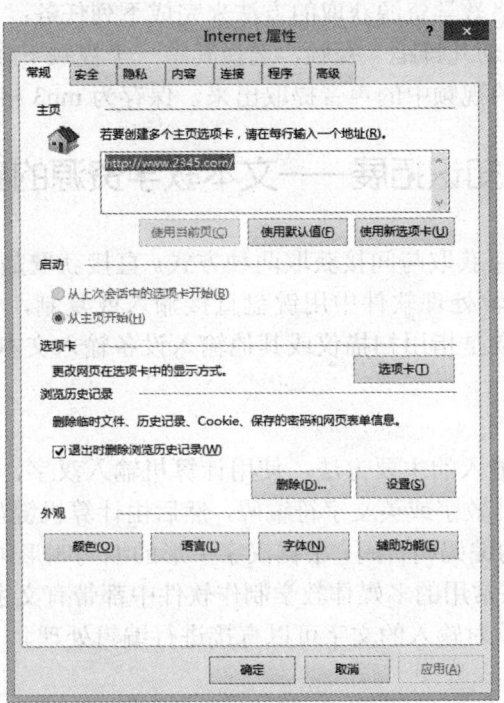

图 1-6 "Internet 属性"对话框

步骤3：在"常规"选项卡中单击"设置"按钮，在弹出的对话框中单击"查看文件"按钮，如图1-6所示。

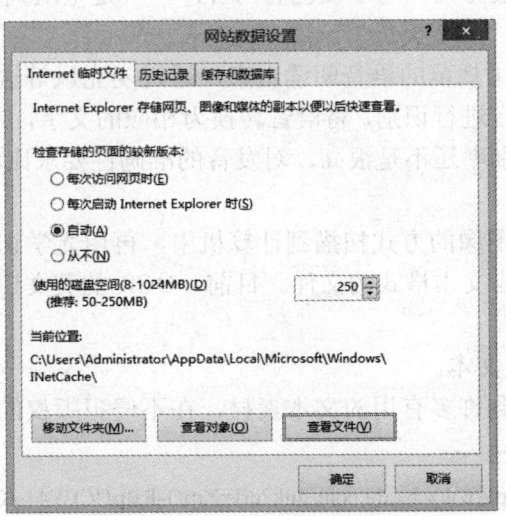

图 1-6 网站数据设置

步骤 4：在临时文件夹窗口中单击"类型"按钮排序，查找 swf 类型的 Flash 动画文件，找到刚才页面中的 Flash 动画文件。

1.5 自主实验任务

通过学习上述常用网络教学资源获取的方法来完成下列任务：
（1）利用百度搜索"幼儿舞蹈"视频，选择其中一个视频下载。
（2）把（1）中下载的视频中的声音提取出来，保存为 mp3 格式。

1.6 实验知识拓展——文本教学资源的获取方法[①]

文本素材的获取有直接获取与间接获取两种方式。直接获取是指通过多媒体教学制作软件的文字工具或在文字编辑处理软件中用键盘直接输入或复制，一般在文本内容不多的场合下使用该方式。间接获取是指用扫描仪或其他输入设备输入文本素材，常用于大量文本的获取。

（1）键盘输入方法。

键盘输入方法是文本输入的主要方法，使用计算机输入汉字，需要对汉字进行编码，根据汉字的某种规律将汉字用数字或英文字符编码，然后由计算机键盘输入。汉字有音、形、义三个要素，根据汉字读音的编码叫音码，根据汉字字形的编码叫形码，兼顾汉字读音和字形的编码叫音形码或形音码。在常用的多媒体教学制作软件中都带有文字工具，在文本内容不多的情况下可以直接输入文字，对输入的文字可以直接进行编辑处理。

（2）手写输入方法。

使用"输入笔"设备，在写字板上书写文字来完成文本输入，利用手写输入法获取文本的方式类似于平时我们在纸上写字，但对在写字板上书写的文字要经过选择。手写输入方法使用的输入笔有两种：一种是与写字板相连的有线笔，另一种是无线笔。无线笔携带和使用都很方便，是手写输入笔的发展方向。写字板也有两种：一种是电阻式，另一种是感应式。

（3）语音输入方法。

将要输入的文字内容用规范的语音朗读出来，通过麦克风等输入设备送到计算机中，计算机的语音识别系统对语音进行识别，将语音转换为相应的文字，完成文字的输入。语音输入方法目前开始使用，但识别率还不是很高，对发音的准确性要求比较高。

（4）扫描仪输入法。

将印刷品中的文字以图像的方式扫描到计算机中，再用光学识别器（OCR）软件将图像中的文字识别出来并转换为文本格式的文件。目前，OCR 的英文识别率可达 90%以上，中文识别率可达 85%以上。

（5）从互联网上获取文本。

从互联网上可以搜索到许多有用的文本素材，在不侵犯版权的情况下可以从互联网上获

---

① 文本素材的采集与处理. http://www.baidu.com/link?url=XmO-RRpHCtW41sjCGHfFAnoO32Vq3AjCIJdm3zfa57B9w2PUlI4gSA5TZneNvo64sNWIfuKQu1RfrZq_eSSRaY3RReXDBULXATMHwTcrLwO.

取有用的文字。从互联网的 HTML 页面上获取部分文本的方法是：首先拖动鼠标选取有用的文本，或者单击鼠标右键，在弹出的快捷菜单中选择"全选"命令，将整个页面上的文字全部选中，然后选择"复制"命令，打开文字处理软件（如 Word），选择"编辑"→"粘贴"命令，可以对复制的文字在文字处理软件中进行编辑处理了。如果将互联网上其他格式的文本文件（如 pdf、caj）进行保存，然后使用部分有用文本，常用的方法是：选择"文件"→"另存为"命令将文本文件进行保存，然后在打开的阅读器中选择工具栏上的"文字选择工具"选取文字，选择"复制"命令，然后在文字处理软件中选择"粘贴"命令。注意：对有些.pdf、.caj 格式的文件，出于版权的考虑，不允许选取复制。

对于大量印刷品中的文本素材，常用扫描仪以图像方式扫描到计算机中，再通过文字识别软件将文字图像进行版面分析，文字识别后转化成文本文件，对识别不正确的文本进行编辑修改。

第 2 章　教学中图像素材的处理与应用

2.1　实验目的

（1）熟悉 Photoshop CS 窗口的组成。
（2）掌握 Photoshop 中教学图片大小的基本处理方法。
（3）掌握 Photoshop 中教学图片多余信息的处理方法。
（4）掌握 Photoshop 中教学图片颜色效果的处理方法。
（5）掌握 Photoshop 中教学图片艺术效果的处理方法。
（6）掌握利用 Photoshop 设计并制作多媒体课件的界面。

2.2　实验任务与要求

（1）实验 1　教学图片大小的基本处理。
要求：
①启用 Photoshop 软件，打开一张教学素材图片，文件保存为"图片大小处理.psd"。
②图片处理：改变图片尺寸大小为 320*240 像素。
③文件输出：图片另存为"图片大小处理.jpg"。
（2）实验 2　教学图片多余信息的处理。
要求：
①启用 Photoshop 软件，打开一张教学素材图片，文件保存为"图片多余信息处理.psd"。
②图片处理一：裁切图像内容。
③图片处理二：删除多余的文字、背景等内容。
④图片处理三：修复错误的图像内容。
⑤文件输出：图片另存为"图片多余信息处理.jpg"。
（3）实验 3　教学图片颜色效果的处理。
要求：
①启用 Photoshop 软件，打开一张教学素材图片，文件保存为"图片颜色效果处理.psd"。
②图片处理一：调整图片的明度。
③图片处理二：调整图片的色调。
④文件输出：图片另存为"图片颜色效果处理.jpg"。
（4）实验 4　教学图片艺术效果的处理。
要求：
①启用 Photoshop 软件，打开一张教学素材图片，文件保存为"图片艺术效果处理.psd"。
②图片羽化效果处理。

③文件输出：图片另存为"图片艺术效果处理.png"。
（5）实验 5 《现代教育技术》多媒体课件界面的设计与制作。
要求：
①制作"现代教育技术"课程 PPT 课件的首页界面。
②背景图片的设计。下载一张纹理图片，修改其画面效果以适合课件文字的单色显示；下载一张学校主教学楼图片，羽化处理图片；下载一张学校校徽标志图片，抠图处理。
③文字的设计。设计标题文字、辅助信息文字。

2.3 实验知识要点

主要知识点有图片尺寸修改、图片多余信息处理、图片颜色效果处理、图片艺术效果处理、多媒体课件界面设计与制作等。

2.4 实验过程与步骤

2.4.1 实验 1 教学图片大小的基本处理

步骤 1：单击"开始"→Adobe Photoshop CS 命令，启动 Adobe Photoshop CS 软件。认识 Photoshop 窗口的组成，主要包括标题栏、菜单栏、工具栏、属性栏、工作区、区域面板等。

图 2-1 Photoshop 窗口的组成

步骤 2：打开要修改的图像。如果"图层"控制面板没有打开，请选择"窗口"→"图层"命令打开"图层"控制面板，如图 2-2 所示。双击"背景"层，弹出"新图层"对话框（如图 2-3 所示），单击"好"按钮将背景层转换成普通图层，以便对其进行编辑操作。

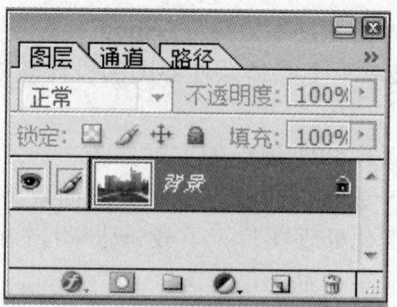

图 2-2 "图层"控制面板

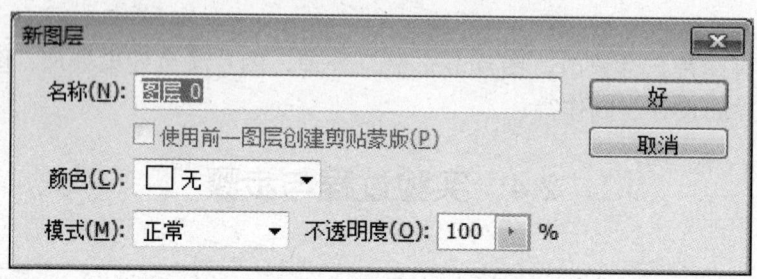

图 2-3 "新图层"对话框

步骤 3：选择"图像"→"图像大小"命令，弹出"图像大小"对话框，在其中可以看到图像的宽度像素和高度像素，如图 2-4 所示。

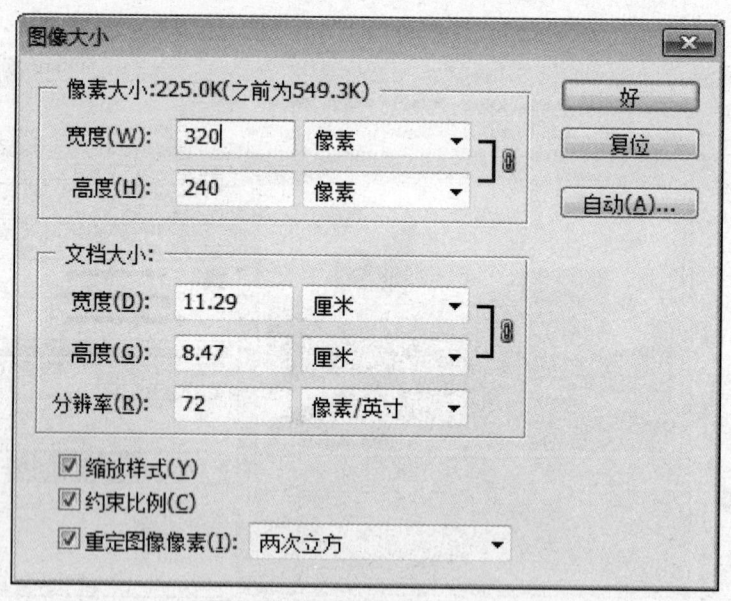

图 2-4 "图像大小"对话框

步骤 4：确保已经取消了对"约束比例"复选框的选择，在"像素大小"选项组中将"宽度"和"高度"的单位选择为"像素"，在宽度值文本框中输入 320，在高度值文本框中输入 240。

步骤 5：单击"好"按钮，完成图像大小的修改。

步骤6：选择"文件"→"存储为"命令，弹出"存储为"对话框，将文件的存储格式设置为 JPEG，图片命名为"图片大小处理"，如图 2-5 所示。

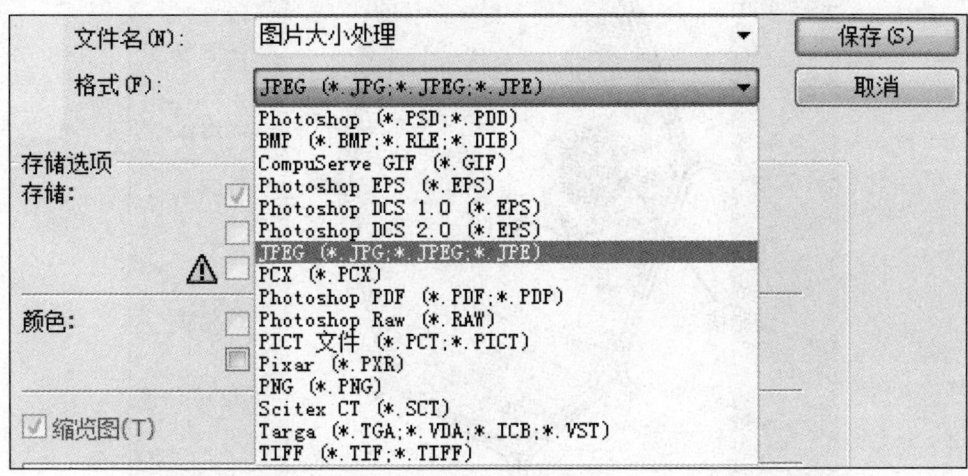

图 2-5 "文件格式选择"对话框

步骤7：单击"保存"按钮，弹出"JPEG 选项"对话框，如图 2-6 所示。在"图像选项"选项组中设置"品质"为"高"，单击"好"按钮，完成文件保存。

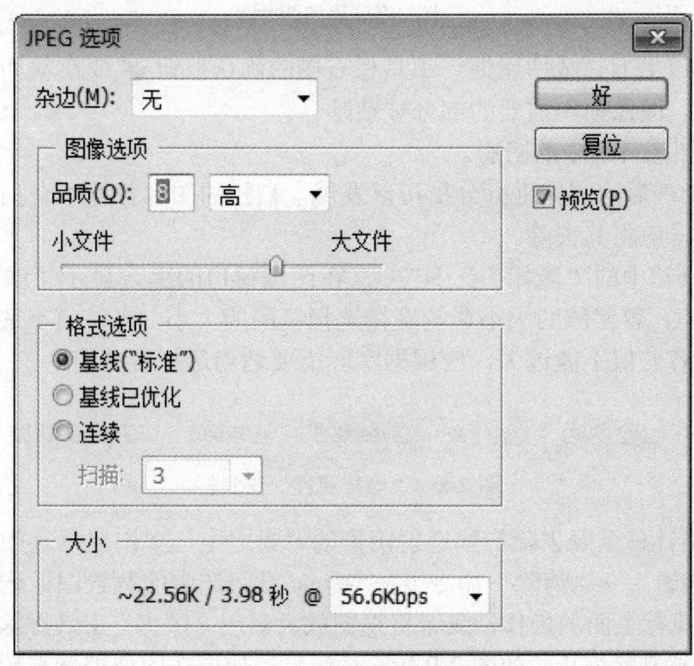

图 2-6 "JPEG 选项"对话框

2.4.2 实验 2 教学图片多余信息的处理

步骤1：选择工具箱中的"裁切"工具，在图像上拖动鼠标画一个裁切区域指示框，在框的四周出现 8 个控制点，拖动控制点调整边框的大小至合适，如图 2-7 所示。

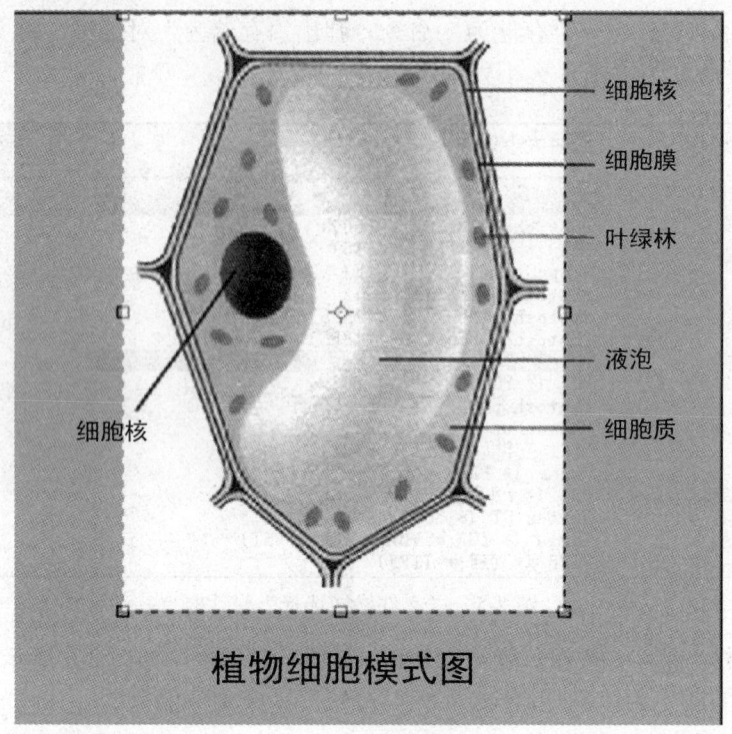

图 2-7 裁切图片

用鼠标单击窗口上方"裁切属性"工具栏右侧的确认按钮 ✓ 或在裁切选择区域内双击鼠标完成图像的裁切，图像中不需要的部分被裁除。

步骤 2：消除图像背景中的阴影。

（1）对上面处理后的图像进行分析可以发现，扫描的图像背景中有扫描透射过来的文字和图案形成的阴影，应将其去除。

（2）选择工具箱中的"魔棒"工具 ，在图像窗口的上方显示"魔棒属性"工具栏，如图 2-8 所示。注意：容差值的大小影响魔棒选择范围的大小，容差值小选择范围小，容差值大选择范围大，但容差值不能过大，应根据实际需要适当选择容差值。

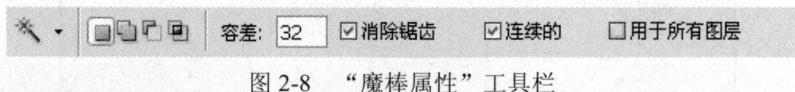

图 2-8 "魔棒属性"工具栏

（3）将鼠标指针移至要去除扫描透射阴影的背景之中，单击鼠标选中要删除的部分。

（4）选择"编辑"→"清除"命令或按 Delete 键将选中的背景图像删除；如果一次不能完全删除，可反复执行上面的操作，或者将视图放大后用"橡皮"工具擦除剩下的阴影，直到所有阴影部分全部被删除为止，如图 2-9 所示。注意：如果在图像被倾斜校正后，没有将图层 0 转换为背景图层，则背景将清除为透明。

步骤 3：修复图像。

（1）原图上有一些黑色标注线条和文字需要去掉。在图像中相邻位置的图像总是相似的，我们可以选择要修补的图像附近的图像并对其进行复制，然后把要修补的部位粘贴盖住，从而达到去除黑色线条的目的。

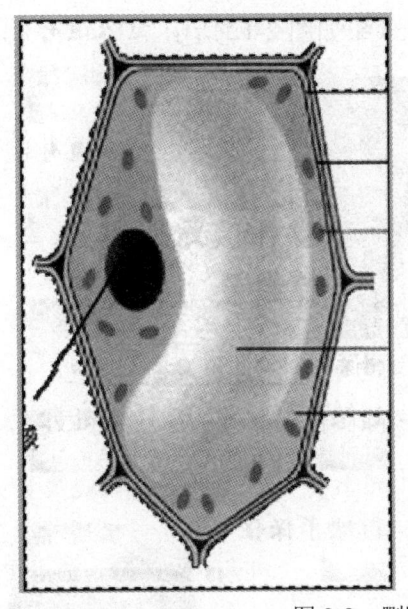 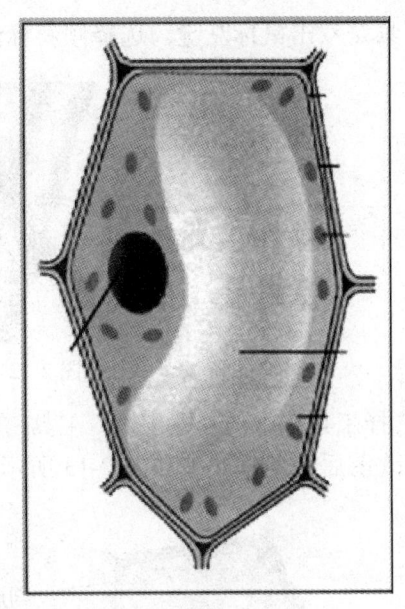

图 2-9　删除阴影前后对比

（2）打开要修复的图像，选择工具箱中的"放大镜"工具，单击要修改的图像位置将图像放大，以便于操作。注意：放大倍数越大，制作后的效果就越好。

图 2-10 所示为"放大镜"工具的工具栏，表示放大，表示缩小。

图 2-10　"放大镜"工具栏

（3）选择"矩形选框"工具，在图像中拖动鼠标选择出要修改的部分，如图 2-11（a）所示。然后按键盘中的向上箭头键使选区向上移动，如图 2-11（b）所示。

（4）选择"编辑"→"拷贝"命令将选区中的图像进行复制，再按键盘中的向下箭头键将选区移回要修改的位置，然后选择"编辑"→"粘贴"命令将刚才复制的内容粘贴到图像上（粘贴的图像被放在选区所在的位置）。

（5）选择工具箱中的"移动"工具，然后按键盘上的方向箭头键将复制的图像移动到线条上盖住并将图像边缘对齐，完成第一条线的修改，如图 2-11（c）所示。

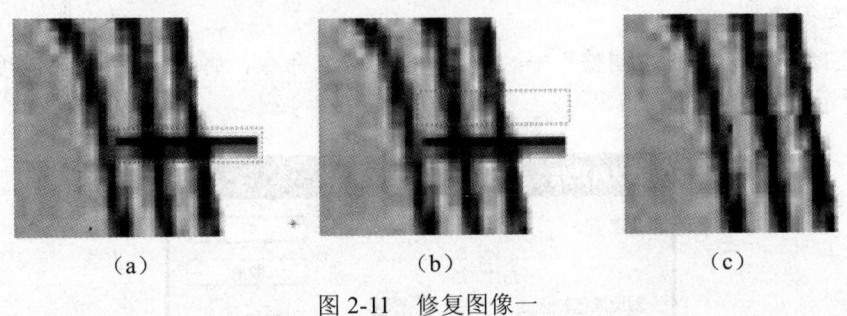

图 2-11　修复图像一

（6）参照上面的操作修改图像的其他部分。对于图像中倾斜标注线的选取可以使用"多边形套索"工具来选择选区。每单击一次鼠标左键确定一个多边形转折点，要结束"多边形套索"工具是双击鼠标左键。选择倾斜标注线效果如图 2-12 所示。

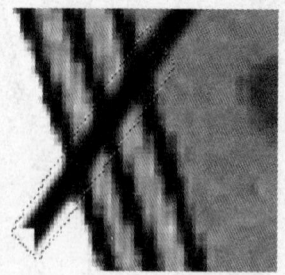

图 2-12　修复图像二

（7）选择工具箱中的"橡皮擦"工具 ，擦除图像上剩余的标注线和文字，完成全部修复工作。修改前后的图片效果如图 2-13 所示。

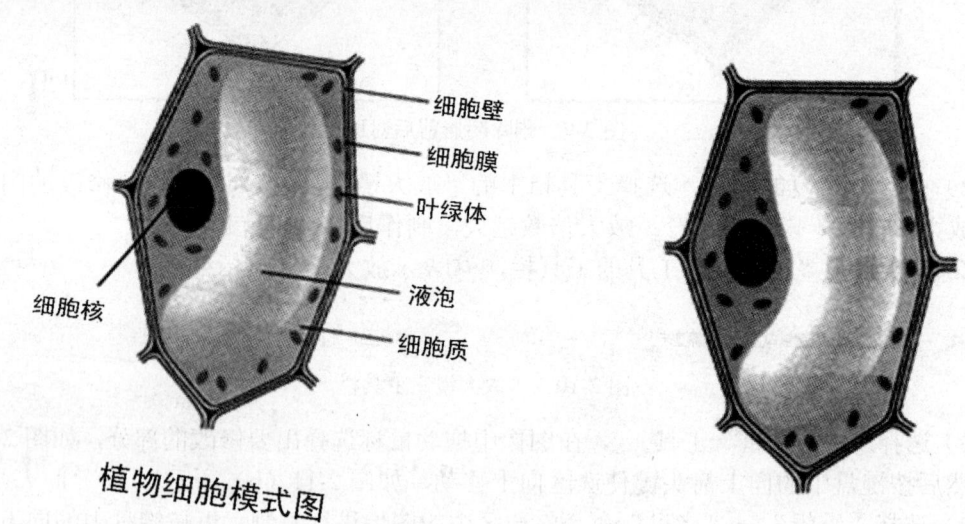

图 2-13　修改前后的图片效果

2.4.3　实验 3　教学图片颜色效果的处理

步骤 1：增强图像的清晰度。扫描的图像有些暗淡，灰蒙蒙的。我们通过调整亮度与对比度来使图像变得清晰。

（1）选择"图像"→"调整"→"亮度/对比度"命令，弹出"亮度/对比度"对话框，如图 2-14 所示。

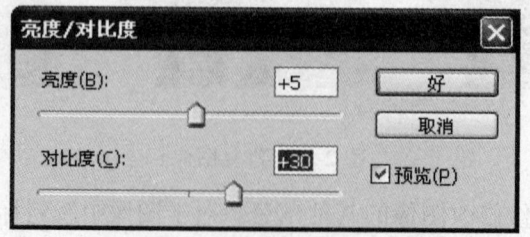

图 2-14　"亮度/对比度"对话框

（2）拖动三角形滑块调整亮度与对比度，若选择了"预览"复选项，则可以边调整边观看效果，直到满意为止，单击"好"按钮。

（3）参数调整：亮度为-5，对比度为+30（仅供参考）。

注意：以上操作也可以通过"图像"→"调整"→"自动对比度"命令来完成。

步骤 2：图像色彩校正。扫描的素材图像颜色略有偏色失真，下面通过色相/饱和度的调整使其颜色变得真实。

（1）选择"图像"→"调整"→"色相/饱和度"命令，弹出"色相/饱和度"对话框，如图 2-15 所示。

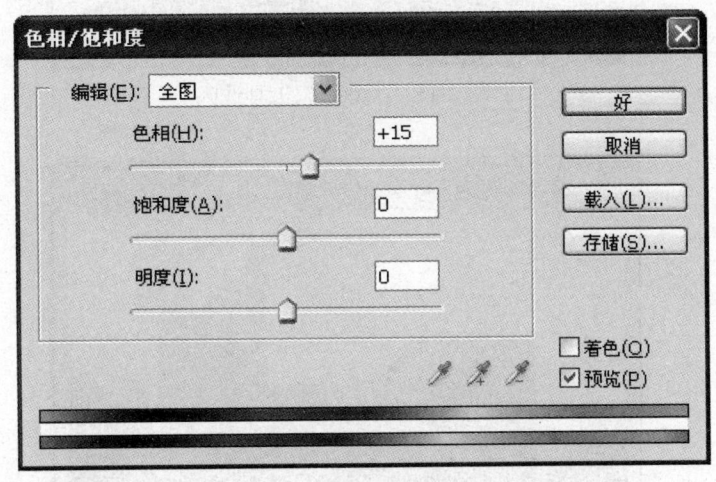

图 2-15 "色相/饱和度"对话框

（2）参数设置：调整色相滑块到+15 左右。如果觉得图像色彩不够浓，可适当增加饱和度；如果觉得颜色不够明亮，可适当增加明度。

（3）单击"好"按钮完成图像的色彩校正。

2.4.4 实验 4 教学图片艺术效果的处理

步骤 1：在属性工具栏中设置羽化参数。羽化值越大，边缘虚化也就越大。

图 2-16 羽化参数设置

步骤 2：在图片上画出选区。选区的选择可以使用选择工具、套索工具、钢笔工具等，如图 2-17 所示。

步骤 3：单击"选择"→"反向"命令反选选区，如图 2-18 所示。

步骤 4：按 Delete 键删除反选后的区域，结果如图 2-19 所示。

步骤 5：选择"文件"→"存储为"命令，弹出"存储为"对话框，将文件的存储格式设置为 PNG（PNG 文件格式将会保存图片的透明背景效果，JPEG 格式则不能保存透明效果），将图片命名为"图片艺术效果处理"，如图 2-20 所示。

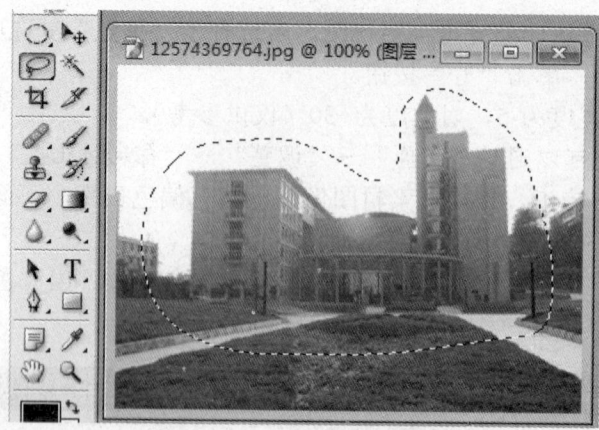

图 2-17 "套索"工具选区

图 2-18 反选选区

图 2-19 "羽化"效果图

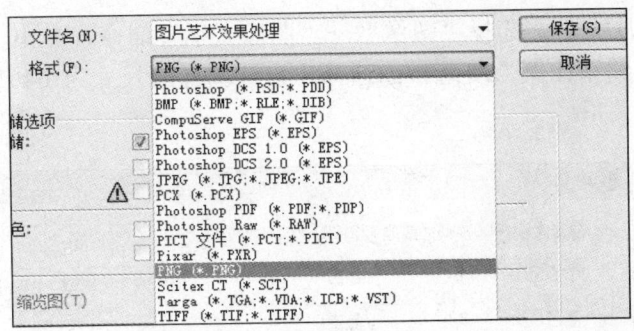

图 2-20 "文件格式选择"对话框

步骤 6：单击"保存"按钮，弹出"PNG 选项"对话框，如图 2-21 所示。选择"交错"选项组中的"无"，单击"好"按钮完成文件保存。

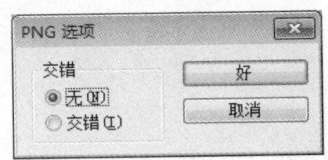

图 2-21 "PNG 选项"对话框

2.4.5 实验 5 《现代教育技术》多媒体课件界面的设计与制作

步骤 1：下载三幅图片：一幅纹理图片、一幅校徽图片和一幅学校主教学楼图片，如图 2-22 所示。

图 2-22 三幅素材图片

步骤 2：裁切纹理图片。用"裁切"工具裁切出画面右上方的画面部分，如图 2-23 所示。

图 2-23 "裁切"画面

步骤 3：修改图片大小。选择"图像"→"图像大小"命令，弹出"图像大小"对话框。确保已经取消了对"约束比例"复选框的选择，设置图像的尺寸为 640*480 像素，如图 2-24 所示。

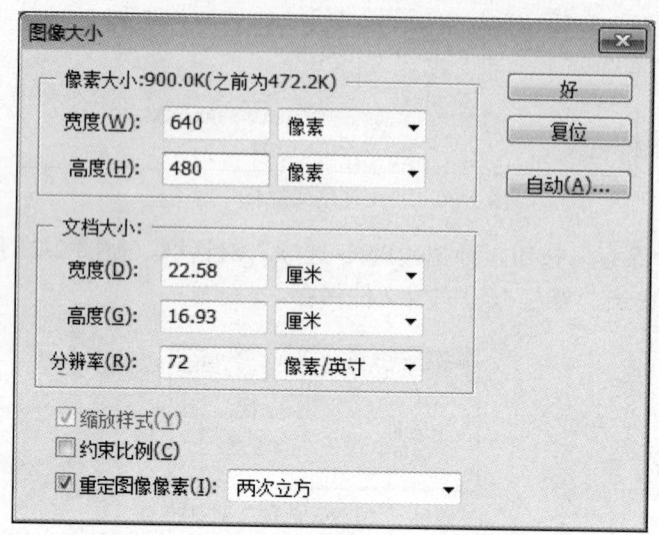

图 2-24 "图像大小"对话框

步骤 4：单击"好"按钮完成图像大小的修改，如图 2-25 所示。

图 2-25 课件背景纹理

步骤 5：羽化处理学校主教学楼图片。参照"2.4.4 实验 4 教学图片艺术效果的处理"部分制作，处理后的图片如图 2-26 所示。

步骤 6：合并两幅图片。选择"移动"工具，将主教学楼图片拖放到纹理图片中，如图 2-27 所示。

步骤 7：添加标题文字。设置文本字体、字号、颜色，如图 2-28 所示。

图 2-26　主教学楼画面羽化处理

图 2-27　合并后的图片

图 2-28　添加标题文字

步骤 8：右击"文字"图层，选择"混合选项"，如图 2-29 所示。

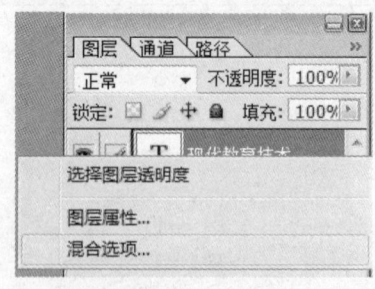

图 2-29　图层的"混合选项"命令

步骤 9：弹出"图层样式"对话框，勾选"投影"、"斜面和浮雕"效果，如图 2-30 所示。

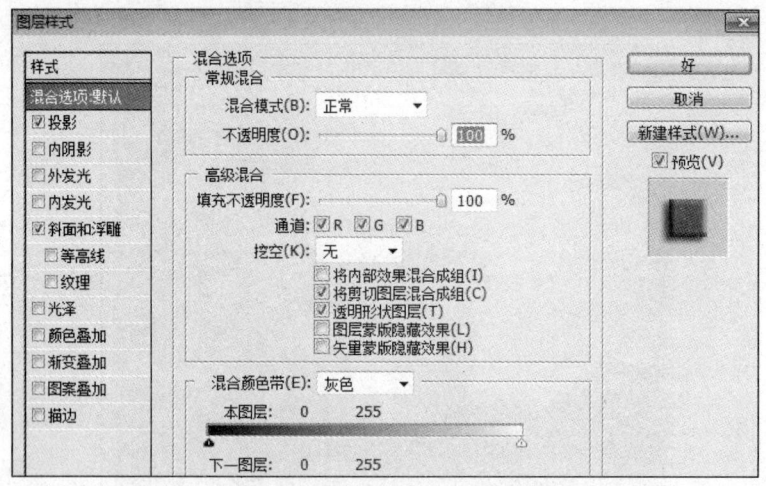

图 2-30　"图层样式"对话框

步骤 10：添加辅助信息文字，简单设置文本格式，修改后的图片如图 2-31 所示。

图 2-31　课件主页面效果图片

步骤 11：使用类似的方法制作内容页面效果，如图 2-32 所示。

图 2-32　课件内容页面背景效果图

2.5　自主实验任务

通过学习上述图形素材处理的方法来完成下列三个课程交互界面设计任务：
（1）大学摄影基础教程界面设计，效果图如图 2-33 所示。

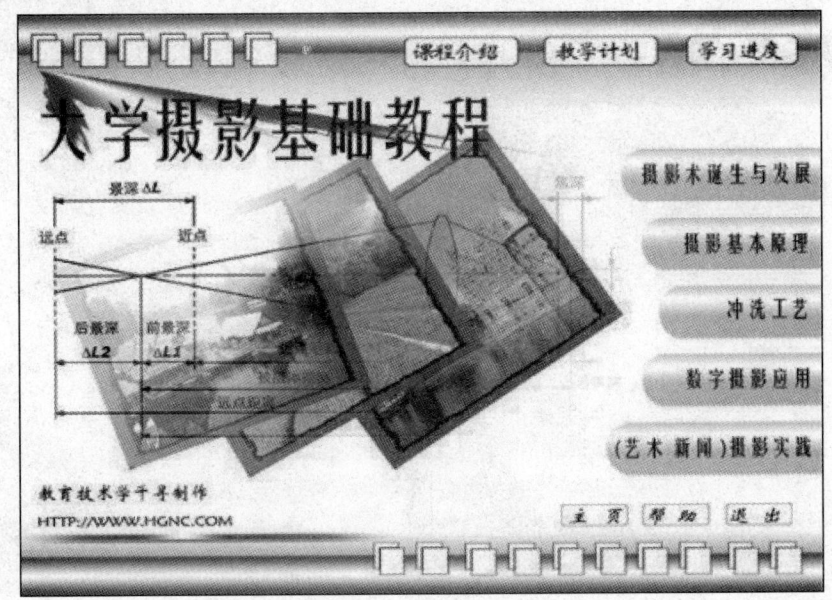

图 2-33　图像素材处理

（2）从零开始——English Study 界面设计，效果图如图 2-34 所示。

图 2-34　English Study 页面背景

（3）Photoshop 创意设计入门界面设计，效果图如图 2-35 所示。

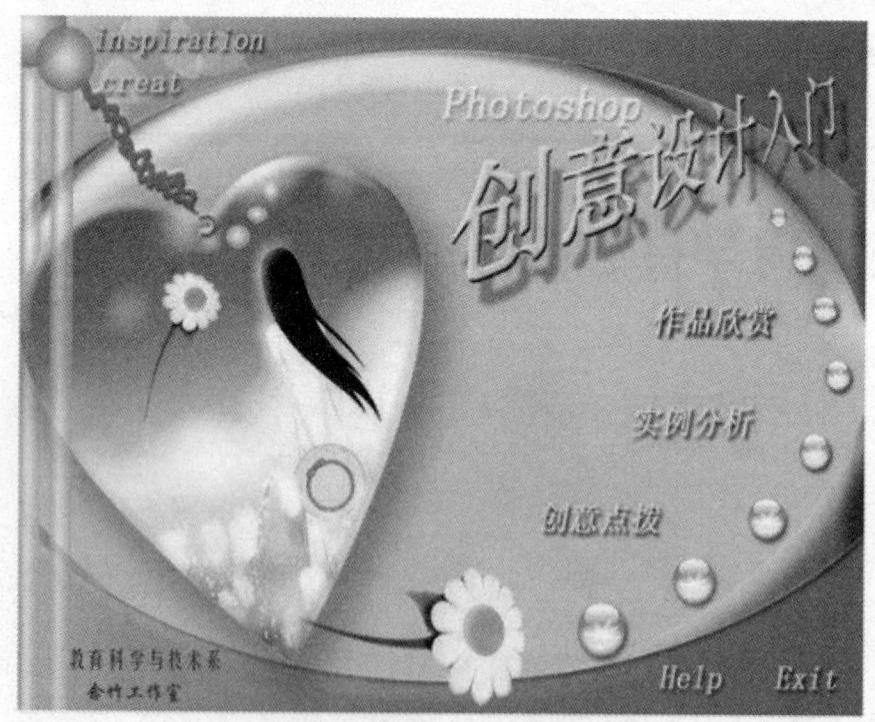

图 2-35　创意设计入门页面背景

2.6 实验知识拓展——在 Photoshop 中钢笔工具怎么用

Photoshop 的钢笔路径是非常重要的造型工具，下面就介绍一些钢笔路径的应用技巧，希望能对大家有所帮助。

- 在点选调整路径上的一个点后按 Alt 键，再用鼠标左键在点上单击一下，这时其中一根"调节线"将会消失，再单击下一个路径点时就会不受影响了。
- 如果用 Path 画了一条路径，而鼠标现在的状态又是钢笔的话，则只要按下小键盘上的回车键（记住是小键盘上的回车键，不是主键盘上的），路径就马上会变为"选取区"了。
- 如果用钢笔工具画了一条路径，而现在鼠标的状态又是钢笔的话，则只要按下小键盘上的回车键（记住是小键盘上的回车键，不是主键盘上的），路径就马上被作为选区载入。
- 按住 Alt 键后在路径控制板的垃圾桶图标上单击鼠标可以直接删除路径。
- 使用路径其他工具时按住 Ctrl 键可使光标暂时变成方向选取范围工具。
- 单击路径面板上的空白区域可以关闭所有路径的显示。
- 在单击路径面板下方的几个按钮（用前景色填充路径、用前景色描边路径、将路径作为选区载入）时按住 Alt 键可以看见一系列可用的工具或选项。
- 如果需要移动整条或是多条路径，请选择所需移动的路径，然后使用快捷键 Ctrl+T 即可拖动路径至任何位置。
- 在勾勒路径时，最常做的工作还是像素的单线条的勾勒，但此时会出现问题，即有矩齿存在，很影响实用价值，此时不妨先将其路径转换为选区，然后对选区进行描边处理，同样可以得到原路径的线条，却可以消除矩齿。
- 将选择区域转换成路径是一个非常实用的方法。此功能与控制面板中的相应图标功能一致。调用此功能时，所需要的属性设置可在弹出的 Make Work Path 设置对话框中进行。
- 使用笔形工具制作路径时按住 Shift 键可以强制路径或方向线成水平、垂直或 45 度角，按住 Ctrl 键可暂时切换到路径选取工具，按住 Alt 键将笔形光标在黑色节点上单击可以改变方向线的方向，使曲线能够转折；按 Alt 键用路径选取工具单击路径会选取整个路径；要同时选取多个路径可以按住 Shift 键后逐个单击；使用路径选择工具时按住 Ctrl+Alt 键移近路径会切换到加节点与减节点笔形工具。
- 若要切换路径是否显示，可以按住 Shift 键后在路径调色板的路径栏上单击鼠标，或者在路径调色版灰色区域中单击，还可以按 Ctrl+Shift+H 键；若要在 Color 调色板上直接切换色彩模式，可先按住 Shift 键再将光标移到色彩条上单击。

第3章 教学中声音素材的处理与应用

3.1 实验目的

（1）熟悉教学音频文件的录制方法。
（2）掌握教学音频文件剪切和合并的方法与技巧。
（3）掌握教学音频文件音量大小的处理方法。
（4）掌握教学音频文件的噪声处理方法。

3.2 实验任务与要求

（1）实验1 教学音频的录制。
要求：
①准备一首诗。
②有感情地朗读这首诗并录制下来。
（2）实验2 教学音频的剪裁与合并。
要求：
①下载三首 MP3 音乐。
②用音频剪切软件把下载的音乐中需要的片段提取出来并保存。
③把剪裁好的三段音频合并拼接成一个新的音频文件。
（3）实验3 教学音频音量大小的处理。
要求：
①提高音频文件的音量。
②降低音频文件的音量。
③批量调节音频文件的音量保持到相同值。
（4）实验4 教学音频的噪声处理。
要求：
①降低音频文件中存在的噪声。
②去除音频文件中存在的嗡嗡声。
③去除音频文件中存在的咔嗒声。
④去除音频文件中存在的嘶声。
（5）实验5 古诗《登黄鹤楼》朗读录音和处理。
要求：
①准备古诗《登黄鹤楼》并有感情地朗读。
②录制朗诵录音。

③对朗诵录音中存在的问题进行简单的修复。

3.3 实验知识要点

主要知识点有教学音频文件的录制方法、教学音频文件的剪切与合并方法、教学音频文件音量大小的处理方法、教学音频文件的噪音处理方法以及电脑没有声音的修复方法。

3.4 实验过程与步骤

3.4.1 实验1 教学音频的录制与提取

步骤1：右击声音控制处的喇叭图标，在弹出的快捷菜单中选择"录音设备"命令，如图3-1所示。

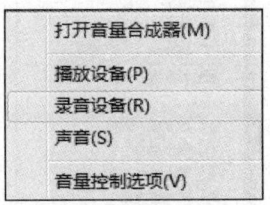

图3-1 声音控制

步骤2：在弹出的"声音"对话框中单击"录制"选项卡，选择"立体声混音"，如图3-2所示。

图3-2 "声音"对话框的"录制"选项卡

步骤 3：单击"开始"→"所有程序"→"附件"→"录音机"命令打开录音机，如图 3-3 所示。也可以双击桌面上的"计算机"图标，在弹出窗口右上角的"搜索计算机"搜索框中输入"录音机"进行搜索，可以看到计算机将搜索出"录音机"的位置，双击打开，如图 3-4 所示。

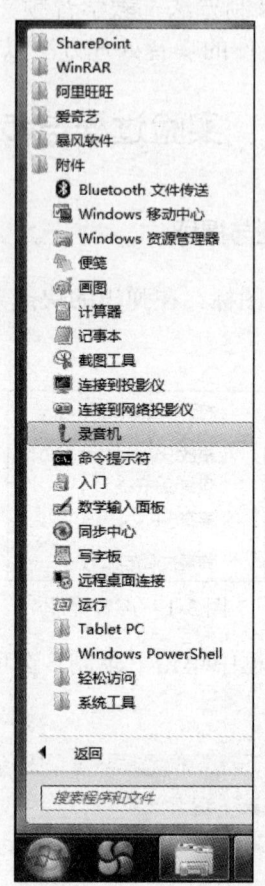

图 3-3　附件中的录音机

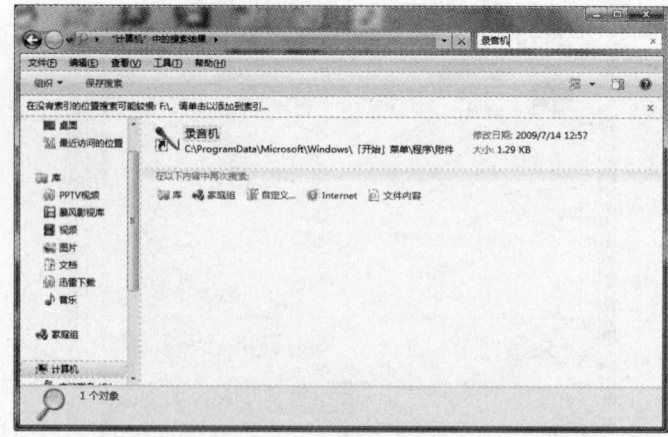

图 3-4　搜索录音机

步骤 4：在电脑主机话筒接口上插上话筒。

步骤 5：准备一首诗，在打开的录音机中单击"开始录制"按钮，对着话筒有感情地朗诵诗歌并把它录制下来，如图 3-5 所示。

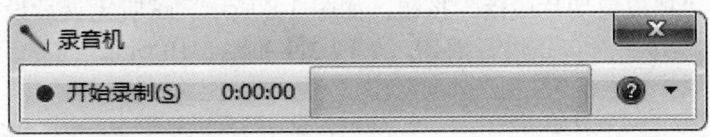

图 3-5　录音机

步骤 6：当录音结束时单击"停止录音"按钮，这时会弹出录音文件的"另存为"对话框，选择希望保存的位置并修改录音文件名（不改也可以），如图 3-6 所示。

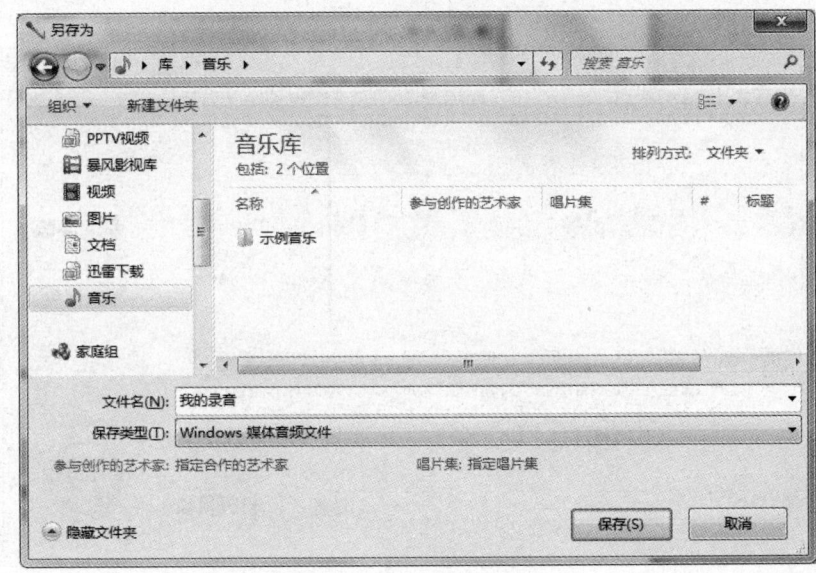

图 3-6　"另存为"对话框

3.4.2　实验 2　教学音频的裁剪与合并

步骤 1：下载软件"MP3 剪切合并大师"并安装，如图 3-7 所示。

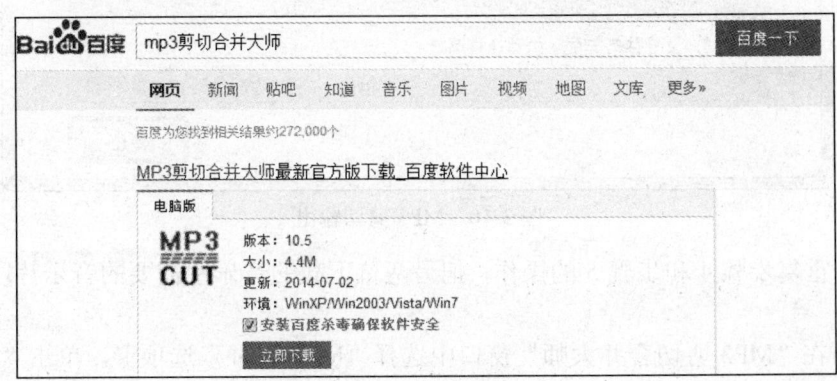

图 3-7　百度搜索

步骤 2：下载三首自己喜欢的 MP3 音乐。

步骤 3：打开软件"MP3 剪切合并大师"并选择"MP3 剪切"选项卡。

步骤 4：单击"添加"按钮。

步骤 5：单击"播放剪切片段落"按钮，如图 3-8 所示。试听无误后设置好输出路径，然后单击"开始剪切"按钮对音乐进行剪切，如图 3-9 和图 3-10 所示。

图 3-8　设置开始、结束切割点

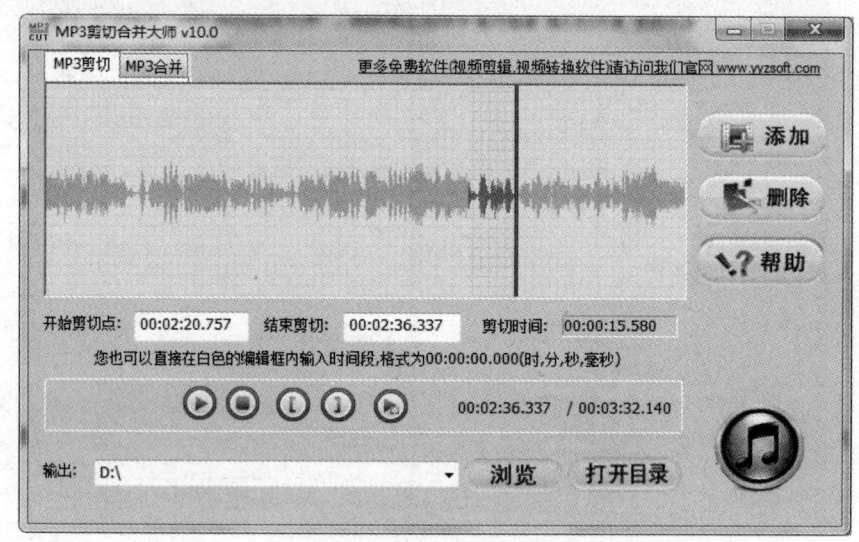

图 3-9　"MP3 剪切"选项卡

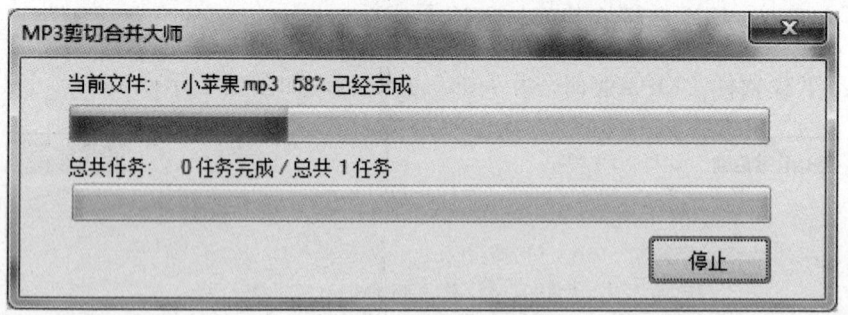

图 3-10　MP3 剪切输出

步骤 6：重复步骤 4 和步骤 5 的操作，把另两首下载的音乐中需要的音乐片段剪切下来并保存。

步骤 7：在"MP3 剪切合并大师"窗口中选择"MP3 合并"选项卡，单击"添加"按钮，把步骤 4 至步骤 6 剪切好的三首音乐片段添加进来，如图 3-11 所示。

第 3 章 教学中声音素材的处理与应用 31

图 3-11 "MP3 合并"选项卡

步骤 8：单击"设置"按钮，可以对编码器、音频质量、采样率、通道等音频参数进行设置，如图 3-12 所示。

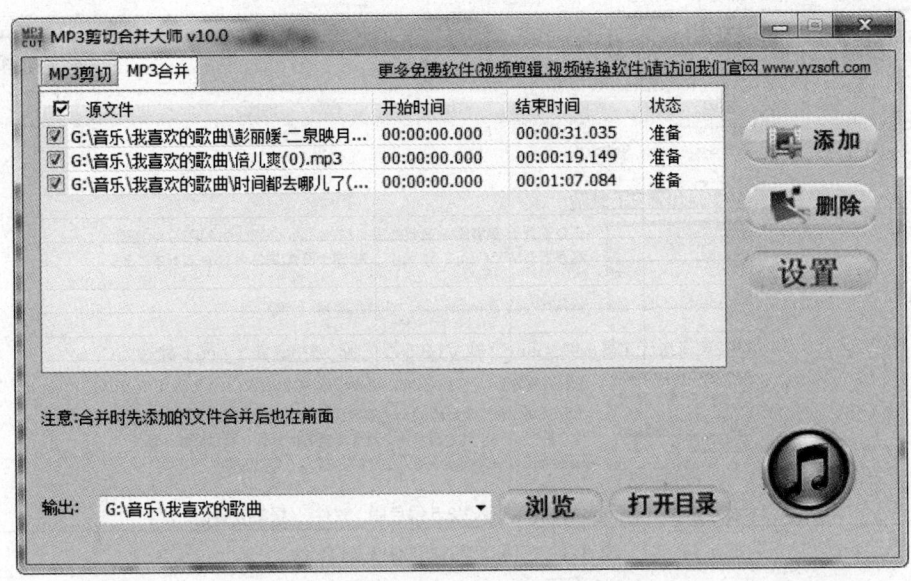

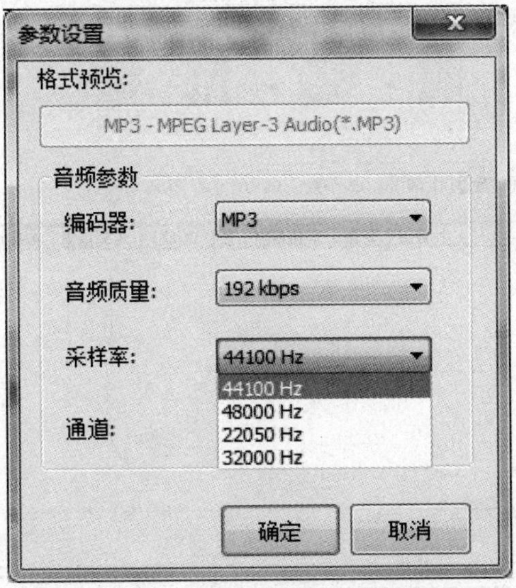

图 3-12 MP3 合并音频参数设置

步骤 9：在软件的下方设置好合并文件输出路径，然后单击"合并成一个 MP3 文件"按钮进行音频的合并输出。

3.4.3 实验 3 教学音频音量大小的处理

通过网络下载的音乐音量大小不一或者音量太小，这就需要把每首 MP3 音乐调成相同的音量大小。

步骤 1：下载并安装 MP3Gain 汉化版（MP3 调音器），如图 3-13 所示。

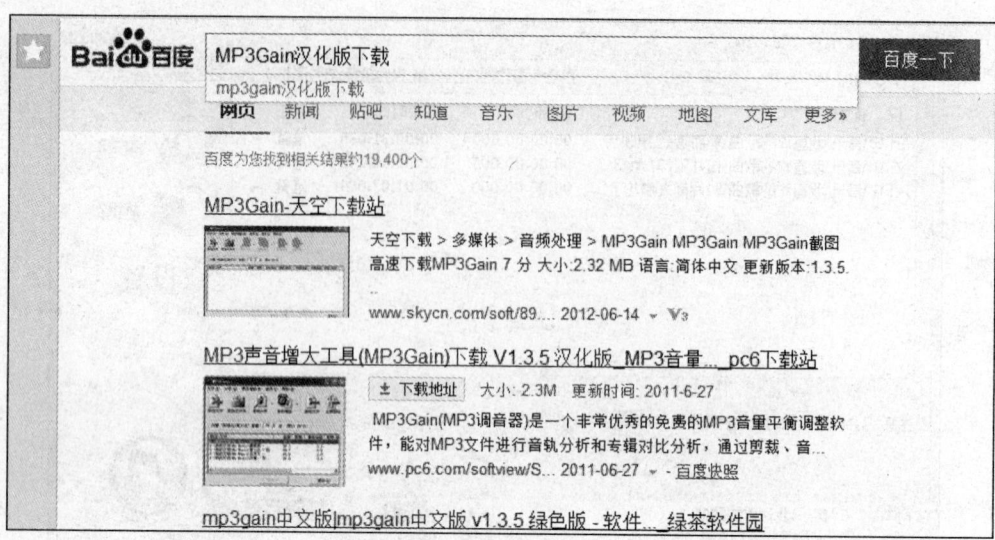

图 3-13　百度搜索 MP3 调音器

步骤 2：打开 MP3 调音器。单击"添加文件"按钮添加需要调整音量的音频文件，如图 3-14 所示。

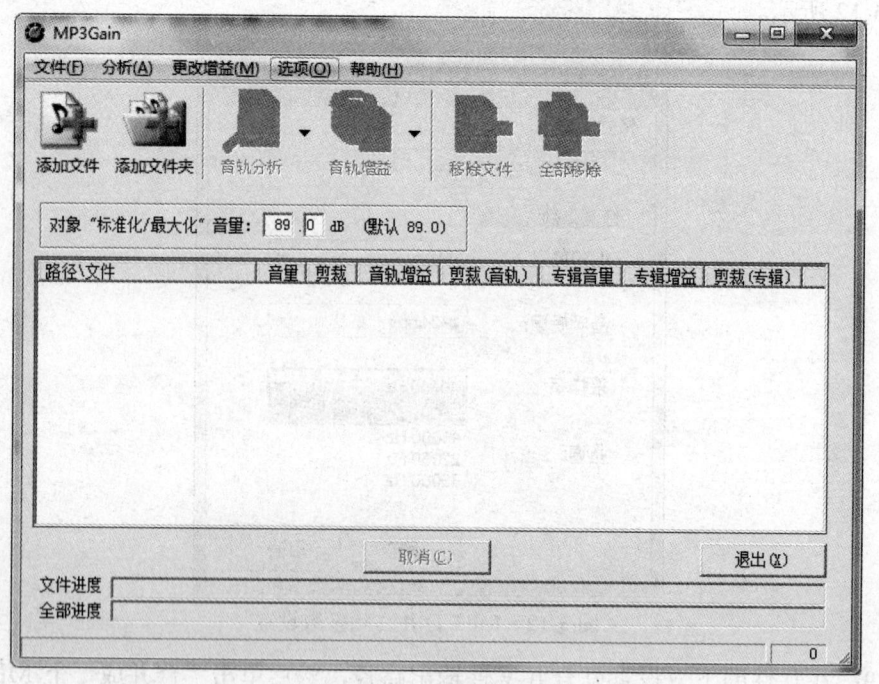

图 3-14　MP3 调音器

步骤 3：选中刚才添加的音频文件，单击"音轨分析"按钮自动分析音频文件并报告当前文件的音量高低，如图 3-15 所示。

步骤 4：对照音轨分析出的原始音量值设置"对象'标准化/.最大化'音量"的分贝值。如果想降低音量，则设置"对象'标准化/最大化'音量"的分贝值时低于原始音量值，反之亦然，如图 3-16 所示。

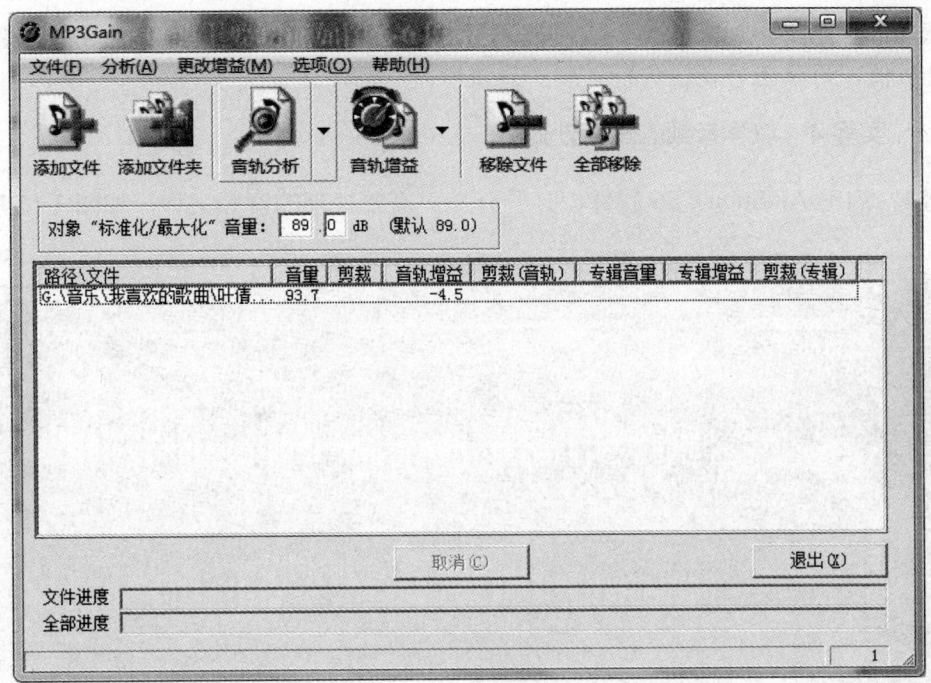

图 3-15　音轨分析

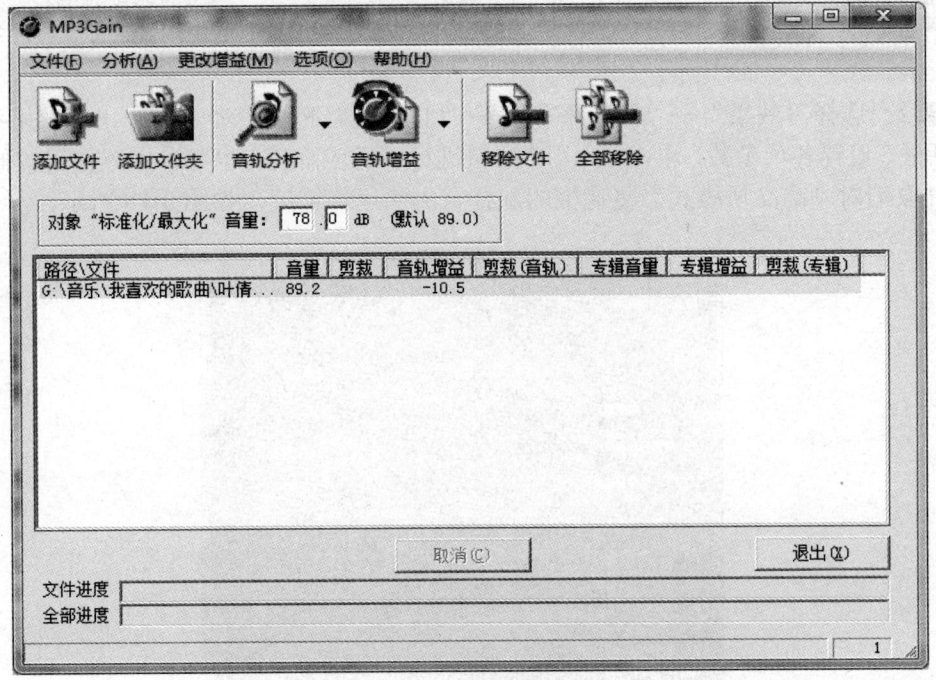

图 3-16　音量调节设置

步骤 5：单击"音轨增益"按钮执行音量大小的更改到编辑轨。试听更改后的 MP3 音乐，如果声音太小或太大，可以反复调节"对象'标准化/最大化'音量"的分贝值，再单击"音轨增益"按钮进行修改调节。

步骤 6：单击"添加文件夹"按钮批量添加音频文件，设置"对象'标准化/最大化'音量"的分贝值，再单击"音轨分析"和"音轨增益"按钮。

3.4.4 实验4 教学音频的噪声处理

步骤 1：启动 Audition CS6 软件，打开有噪声需要处理的音频文件，如图 3-17 所示。

图 3-17　Audition 打开界面图

步骤 2：选择"效果"→"降噪/修复"→"自适应降噪器"命令，弹出"效果-自适应降噪"对话框，设置各项参数，单击"应用"按钮进行自适应降噪，也可以设置使用较低的"FFT 大小"并取消对"高品质模式"复选框的选择来加快运算速度，如图 3-18 所示。

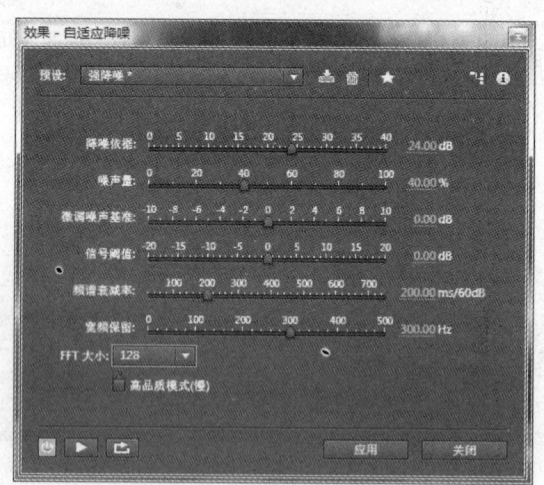

图 3-18　自适应降噪

步骤 3：如果音频素材有嗡嗡声，则选择"效果"→"降噪/修复"→"除去嗡嗡声"命令，弹出"除去嗡嗡声"对话框，如图 3-19 所示。

第 3 章 教学中声音素材的处理与应用

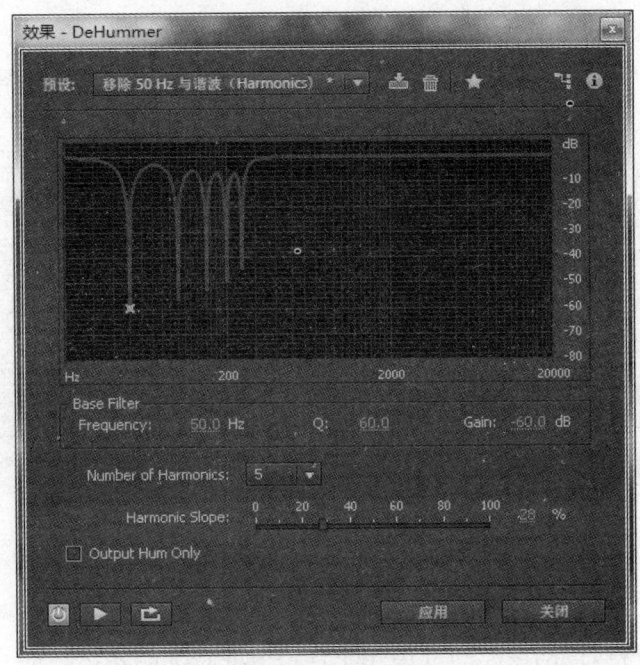

图 3-19 去除嗡嗡声

步骤 4：嘶声消除。选择部分含有嘶嘶声的声波，选择"效果"→"降噪/修复"→"降低嘶声"命令，弹出"降低嘶声"对话框，设置各项参数，单击"应用"按钮可以减少麦克风源的嘶嘶声，如图 3-20 所示。

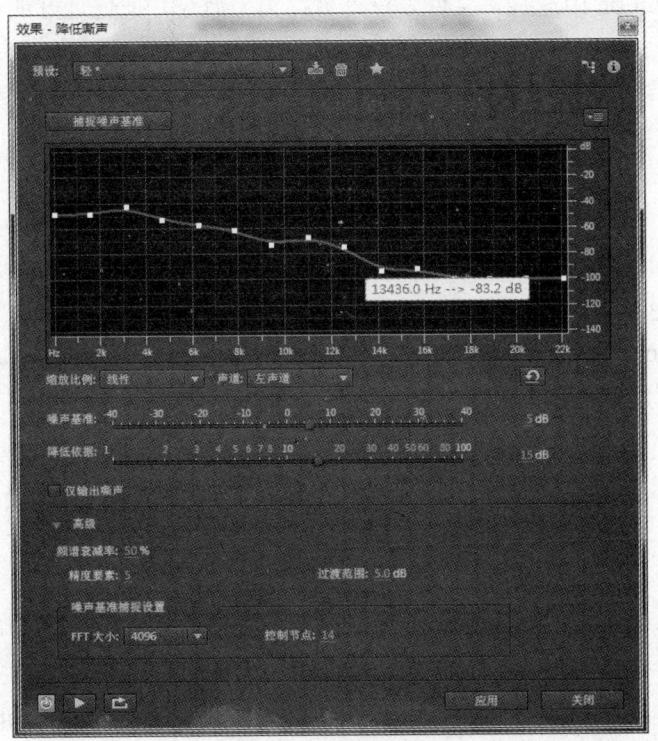

图 3-20 降低嘶声

步骤 5：自动咔嗒声移除。如果音频文件有咔嗒声，则选择"效果"→"降噪/修复"→"自动咔嗒声移除"命令，弹出"咔嗒声自动移除"对话框，设置各项参数，单击"应用"按钮可以自动消除录入的咔嗒声、裂纹声和静电声，如图 3-21 所示。

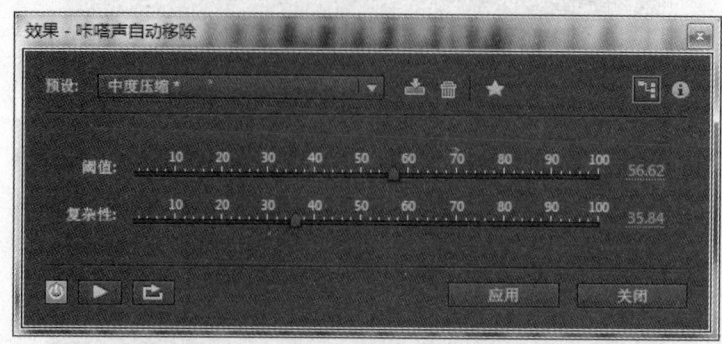

图 3-21　咔嗒声自动移除

3.4.5　实验 5　古诗《黄鹤楼》朗读录音和处理

步骤 1：准备古诗《黄鹤楼》的诗句并能有感情地熟练朗读。
步骤 2：朗读并录音。每句都单独录制成一个音频文件。
步骤 3：用实验 2 的方法剪切掉录音中不连续有停顿的、空白的、多余的或重复的片段。
步骤 4：把剪切好的音频文件的音量调节成相同音量。
步骤 5：按照实验 4 的方法去除朗诵中存在的咔嗒声、嘶声和其他噪声。
步骤 6：在 Audition 中选择"文件"→"另存为"命令，把处理好的音频文件存储为 MP3 文件。
步骤 7：把 4 个处理好的 MP3 音频文件合并为一个完整的诗歌朗诵录音。

3.5　自主实验任务

通过学习上述声音素材的处理方法来完成下列任务：
（1）利用 MP3 剪切合并大师制作一个歌曲大串烧。
（2）用 Audition 软件制作变速变调的滑稽声音效果。
（3）制作声音的淡入淡出效果。

3.6　实验知识拓展——电脑没有声音的解决方法[①]

1．电脑有声卡但没有声音
（1）检查主机与音箱的连线有没有松动或断线，音箱电源有没有打开，音箱的音量大小

---

① 声音修复．http://wenku.baidu.com/link?url=M2tCPKqC0fHVcsnkSY8WUy-9I_sjXklRqA-rmPBl6GJgJo2jslB5bsLgjzibHr4Hb2MEfXKlTu5NidFCu0MQqFviYete0-CvTiegu-ZD8C3．

旋钮有没有关到最小。

（2）对于独立声卡，检查声卡与主板插槽接触是否良好，可重新拔插一次声卡。

（3）打开"设备管理器"来检查声卡安装驱动程序有没有问题。解决方法：在桌面上右击"我的电脑"，在弹出的快捷菜单中选择"属性"选项，弹出"系统属性"对话框，选择"硬件"选项卡，单击"设备管理器"按钮，打开"设备管理器"窗口，检查"声音、视频和游戏控制器"或"多媒体音频控制器"前面有没有"！"或"？"，如果有说明声卡驱动程序损坏，请找到声卡的驱动盘重新安装驱动程序（如果声卡是主板集成的，那么驱动程序在主板的驱动光盘中）。

2. 声卡驱动程序正确安装后还是没有声音

（1）在"设备管理器"中禁用了声卡。解决方法：进入"设备管理器"窗口，展开"声音、视频和游戏控制器"分支，找到声卡项（如果被禁用了，其前面的小喇叭上有一个"X"）并选中，然后单击工具栏中的"启用"按钮。

（2）在声音属性里关闭了音量。解决方法：进入"控制面板"窗口，双击"声音和音频设备"选项，弹出"声音和音频设备 属性"对话框，选择"音量"选项卡，把音量调节滑块移动到合适的位置并选中"将音量图标放入任务栏"复选框，单击"确定"按钮。

3. 配置连接全部都是正常的，但电脑突然没有声音了

解决方法1：在安全模式内将声卡驱动删除，然后进入正常模式，让系统再次找到声卡设备，根据提示重新安装声卡驱动。安装成功后，进入"控制面板"窗口，双击"声音和音频设备"选项，弹出"声音和音频设备 属性"对话框，选择"声音"选项卡，看是否找到了该声卡设备。如果找到了并且右下角的喇叭图标也出现了，但仍然没有声音，那么就是声卡坏了。如果是集成的声卡，则需要更换主板。声卡驱动最好是安装当时配的驱动盘，如果驱动盘没有了，则在网上找同型号的驱动来安装。最好多试几个版本的驱动软件来安装。

解决方法2：电脑开机一段时间后常常会突然没有声音了。这种故障有的是因为老声卡不支持多音频流，也不支持 ACPI 中断共享的功能，在拨号上网时与 Modem 发生了资源冲突或是某个程序如游戏、MP3 播放偶然出错，占用了声卡的端口没有释放，就不能发声了。这种故障只要重新启动一下 Windows 就好了，但要真正解决则只能靠更换硬件了。

声卡驱动程序版本不当也可能引起这样的故障。如果用户安装的不是通过 Windows 数字签名认证的驱动，虽然能在普通情况下正常使用，但遇到某些特殊的情况，例如从休眠中恢复时，就会发生没有声音或是声音极小、杂音很大的故障。这种情况只要换成正确的驱动即可解决，或者重新启动一下 Windows 也可以。

这种故障虽然比较简单，但容易让用户以为是 Windows 安装得不好或是硬件出了问题而进行不必要的格式化重装，浪费时间和精力。

4. 重装完系统后，QQ 上有人发过消息后就没声音了，声音也设置了，可就是没有声音

如果只有 QQ 没有声音，则导入一下声音文件即可。选择"个人设置"→"系统设置"→"声音设置"，选中"打开声音"复选框。如果这样还是不行，在"打开声音"下面有"客户消息/系统消息/新上线/组"，再下面是"声音路径"，从 QQ 目录里找到这些文件放到里面即可，也可以放你喜欢的声音。

5. 对 BIOS 不熟悉的用户可能误操作屏蔽了板载声卡

进入 BIOS，选择 I/O Device configuration→Onboard AC97 Audio Controller，再选择

ENANLE 或者 AUTO 即可。由于主板不同，或者 BIOS 版本不一样，可能有些差异，不过也基本类似。如果是 Award BIOS，进入 BIOS 中的 Intergrated Peripherals，再选择 AC97 Audio，将 Disable 改为 Auto 保存即可。

6. 安装网卡或者其他设备后声卡不再发声

这种问题比较具有代表性，大多是由兼容性问题和中断冲突造成的。驱动兼容性的问题比较好解决，用户更新各个产品的驱动即可。而中断冲突就比较麻烦。首先进入"控制面板"窗口，双击"系统"选项，查询各自的 IRQ 中断，并且可以直接手动设定 IRQ 来消除冲突。如果在设备管理器中无法消除冲突，最好的方法是回到 BIOS 中，关闭一些不需要的设备，空出多余的 IRQ 中断。也可以将网卡或其他设备换个插槽，这样将改变各自的 IRQ 中断，以便消除冲突。在更换插槽之后应该进入 BIOS 中的 PNP/PCI 项中将 Reset Configuration Data 改为 ENABLE，清空 PCI 设备表，重新分配 IRQ 中断。

第 4 章 教学中视频素材的处理与应用

4.1 实验目的

（1）熟悉从各种媒体中提取视频素材的方法。
（2）掌握教学视频文件剪切和合并的方法与技巧。
（3）掌握教学音视频文件的效果设置方法。
（4）掌握各种视频格式的转换方法。

4.2 实验任务与要求

（1）实验 1 从媒体中提取教学视频。
要求：
①提取 DVD、VCD 中的视频文件。
②提取摄像机、数码相机等数码设备中的视频文件。
③从缓冲文件中提取视频。
④从网络中下载需要的视频。
（2）实验 2 教学视频的裁剪与合并。
要求：
①截取拆分视频。
②剪切视频文件中需要的片段。
③把剪切好的几段视频文件合并为一个视频文件。
（3）实验 3 教学视频格式的转换。
要求：
①把视频文件转换成 AVI 格式的文件。
②把视频文件转换成 MP4 格式的文件。
③把视频文件转换成 FLV 格式的文件。
④把视频文件转换成 SWF 格式的文件。
⑤把视频文件转换成移动设备支持的格式。
（4）实验 4 教学视频文件的效果处理。
要求：
①调节视频的亮度、对比度、饱和度和视频的音量缩放。
②给视频添加水印效果。
③给视频添加 3D 效果。

4.3 实验知识要点

主要知识点有教学视频文件的提取方法、教学视频文件的剪切与合并方法、教学视频文件的效果处理方法和教学视频文件的格式转换方法。

4.4 实验过程与步骤

4.4.1 实验 1　从媒体中提取教学视频

步骤 1：提取 DVD 中的视频文件。在电脑中双击 DVD 驱动器，打开 DVD 光盘里面的 VIDEO 或 VIDEO_TS 文件夹，里面 VOB 格式的文件就是 DVD 视频文件。直接复制 VOB 视频文件即可提取 DVD 中的视频文件使用，如图 4-1 所示。

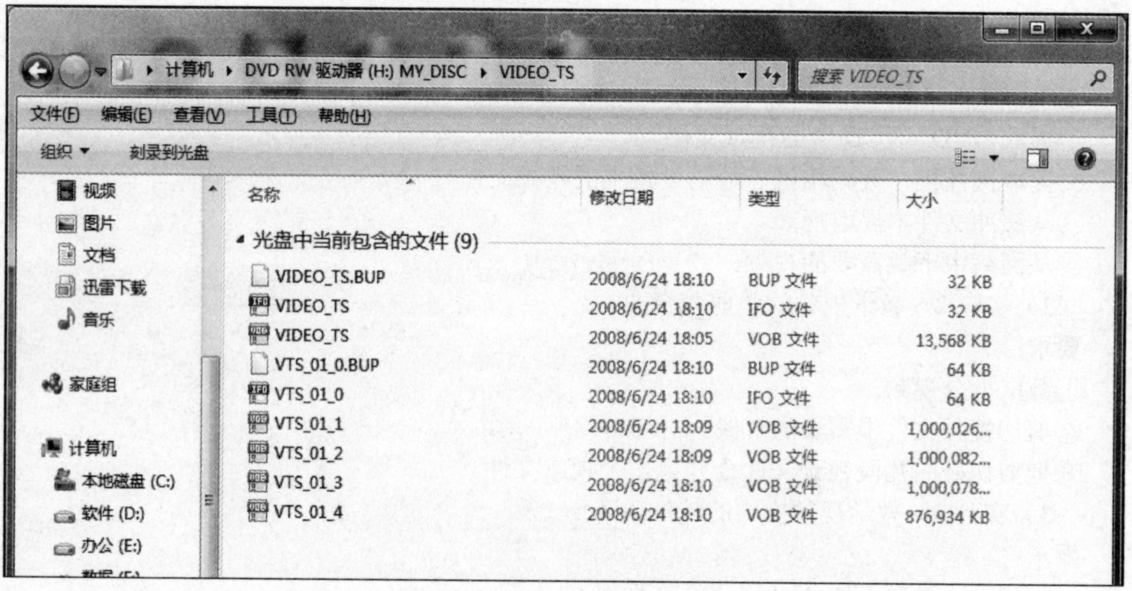

图 4-1　光盘中的 VOB 文件

步骤 2：提取 VCD 中的视频文件。在电脑中双击光驱，打开 VCD 光盘里面的 MPEG 或 MPEGAV 文件夹，里面 DAT 格式的文件就是 VCD 视频文件，如图 4-2 所示。直接复制 DAT 文件即可提取 VCD 中的视频文件使用。

步骤 3：通过数据线采集数码相机、数字摄像机、iPAD 等数码设备拍摄的视频。用数据线连接数码相机、数码摄像机等设备（如需驱动，则要事先安装驱动），设置数码设备的模式为"播放"。访问该数码设备，找到里面的视频文件。以 SONY HD 数码摄像机 HDR-PJ610 为例，MP_ROOT 文件夹中的 MP4 文件和 STREAM 文件夹中的 MTS 文件都是视频文件，如图 4-3 和图 4-4 所示。

第 4 章 教学中视频素材的处理与应用

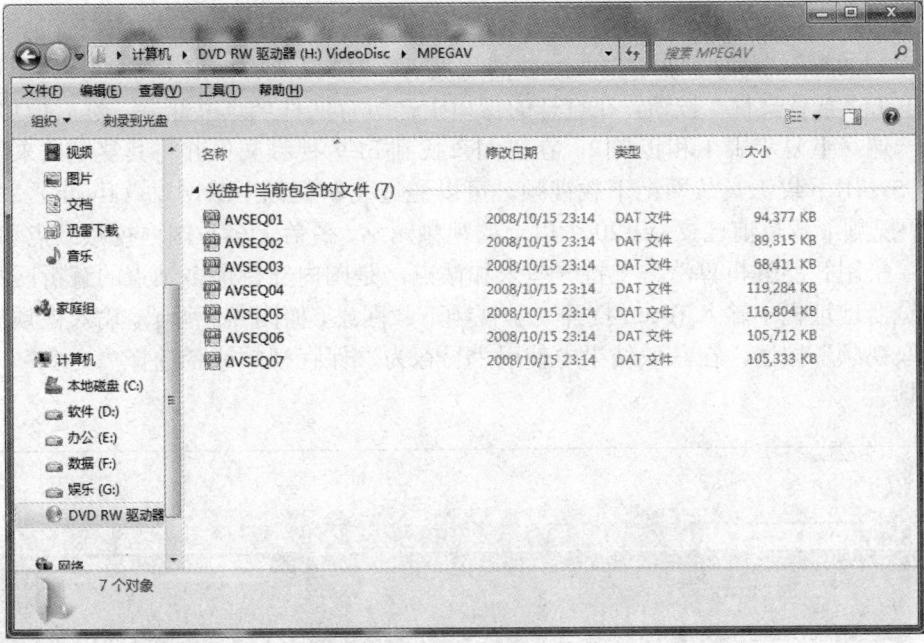

图 4-2 光盘中的 DAT 文件

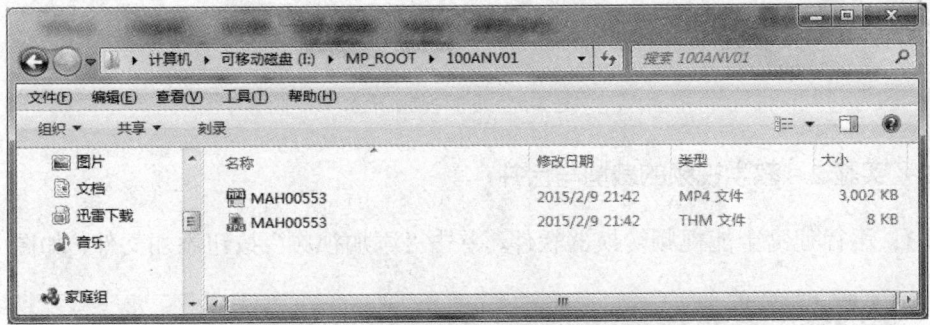

图 4-3 数码摄像机中的 MP4 视频文件

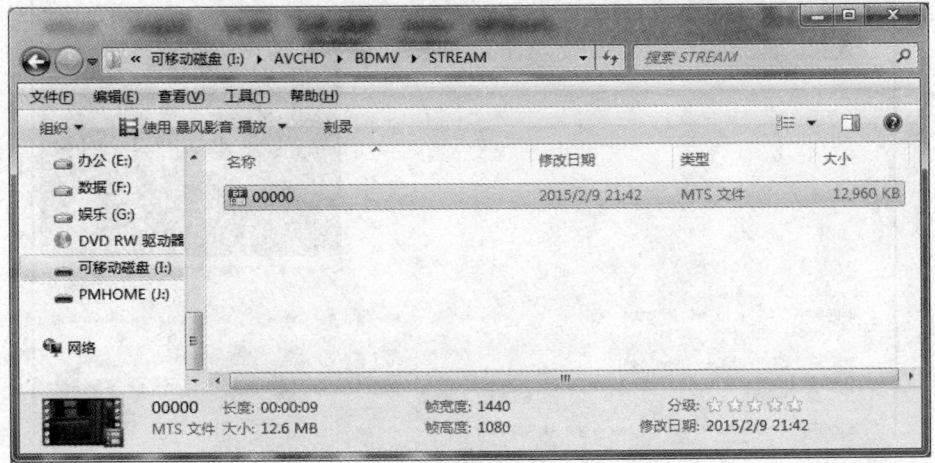

图 4-4 数码摄像机中的 MTS 视频文件

步骤 4：提取视频缓冲文件中的视频。在线看电影一般都有缓冲文件，如优酷、迅雷看看。先进入"控制面板"窗口，双击"Internet 选项"，在"浏览器历史记录"区域中单击"设置"按钮，再单击"查看文件"按钮，在打开的窗口中把所有文件全选并删除，然后把那个视频从头到尾看一遍，重复步骤 1 和步骤 2，在里面查找到 FLV 视频文件并将其复制出来即可播放。

步骤 5：用下载工具从网上下载视频。可以通过飞驴视频下载网站（flv.cn）来下载网络视频。飞驴视频下载目前已支持 120 个以上的视频网站，覆盖大多数国内视频站点和少量国外视频站点；采用智能解析算法，支持一些未知站点，是国内支持最多站点的解析网站。

在浏览器地址栏中输入 flv.cn 打开飞驴视频下载网站，如图 4-5 所示。输入视频页面地址，单击"获取视频"按钮，在获取结果中使用"另存为"保存视频或者选择"更多"→"下载"来下载视频。

图 4-5　飞驴视频下载

4.4.2　实验 2　教学视频的裁剪与合并

步骤 1：运行狸窝全能视频转换器软件，单击"添加视频"按钮添加文件，如图 4-6 所示。

图 4-6　添加视频

步骤 2：视频拆分。单击"视频编辑"按钮，在"视频编辑"界面中选择"截取"选项卡，在"截取"选项卡里设置开始时间和结束时间，单击"确定"按钮即可截取拆分所添加的视频片段，如图 4-7 所示。

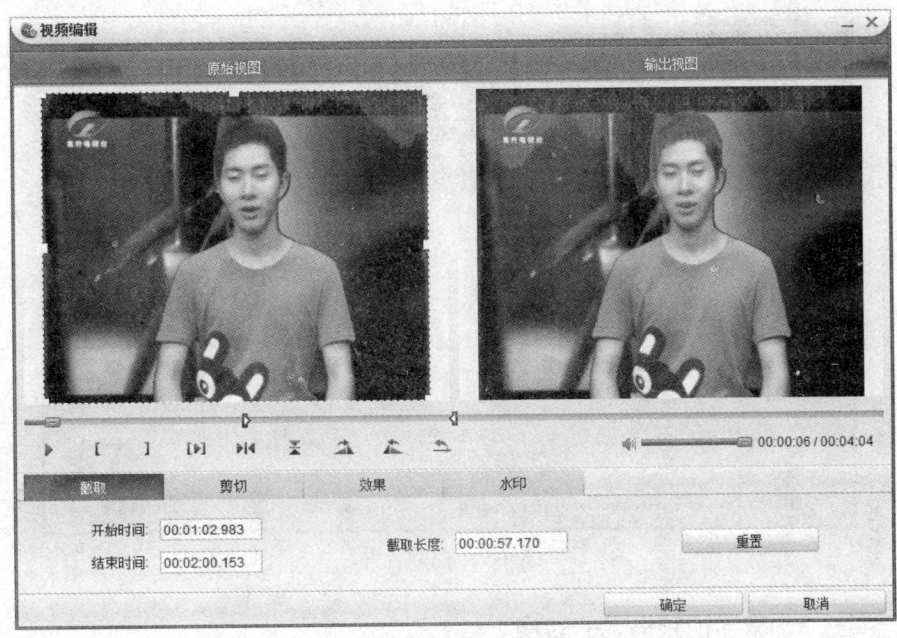

图 4-7 截取视频

步骤 3：视频剪切。在"视频编辑"界面中选择"剪切"选项卡，在"剪切"选项卡里可以设置缩放方式和剪切的大小，剪切视频中的黑边和字母、台标等，如图 4-8 所示。

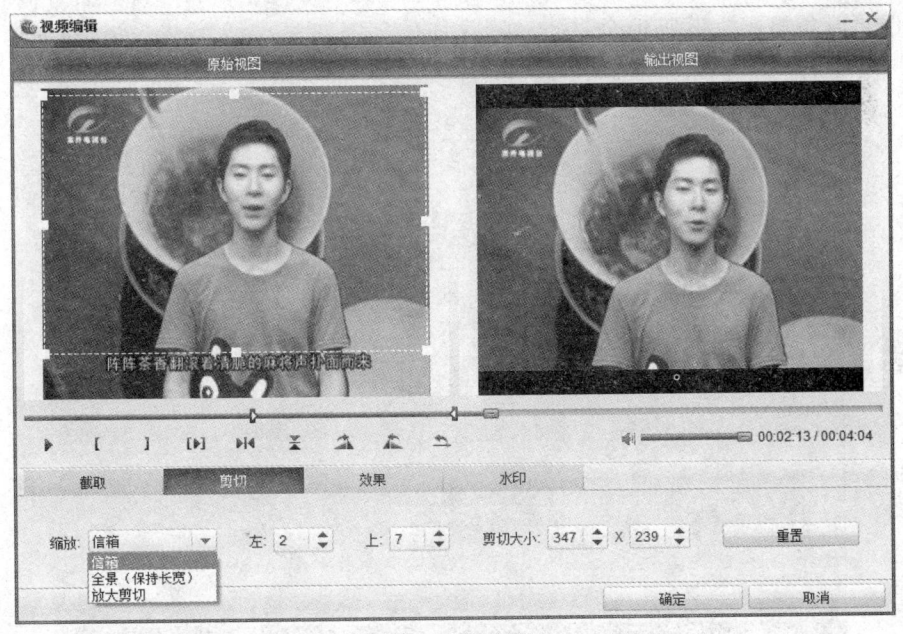

图 4-8 视频剪切

步骤 4：视频合并。单击"添加视频"按钮添加需要合并的视频文件，勾选"合并成一个文件"复选框，进行输出设置，最后单击"合成输出"按钮即可完成视频的合并，如图 4-9 所示。

图 4-9　视频合并

4.4.3　实验 3　教学视频格式的转换

步骤 1：下载并安装软件格式工厂（Format Factory）。

步骤 2：打开格式工厂软件，如图 4-10 所示。从图中可以看到，格式工厂的界面非常清爽，可以支持转换几乎所有的视频格式，还有音频、图片、光驱设备、视频合并和音频合并等功能，可谓是麻雀虽小，五脏俱全。

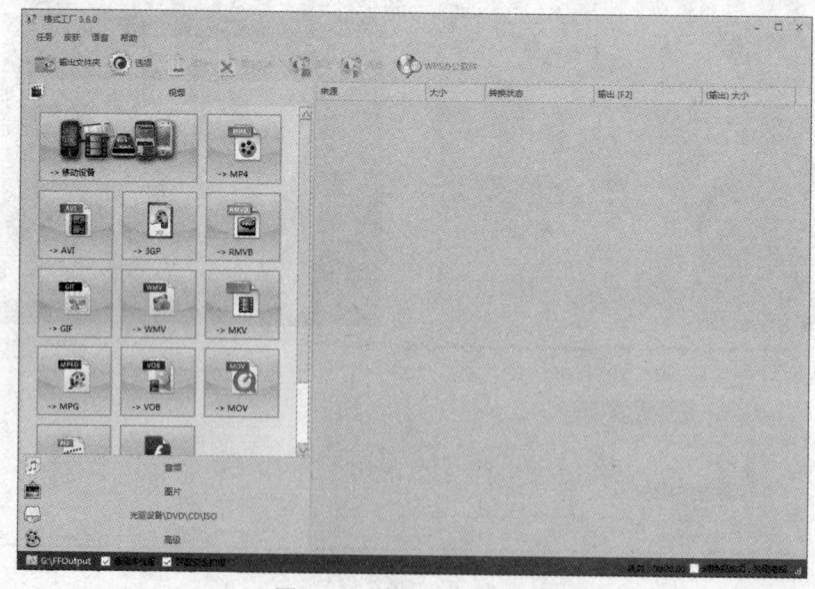

图 4-10　格式工厂主界面

步骤 3：选项设置。单击"选项"按钮，在弹出的"选项"设置框里设置输出文件夹、字幕字体等，如图 4-11 所示。

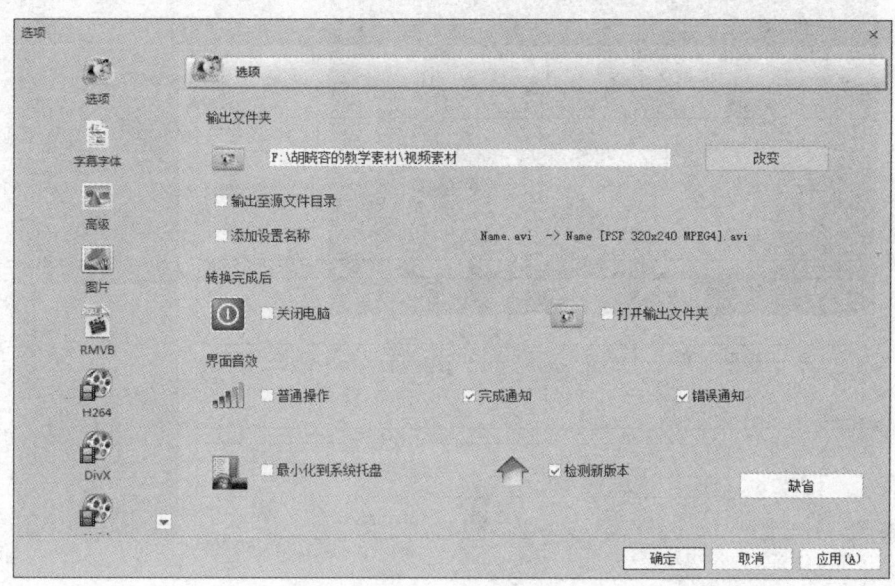

图 4-11　选项设置

步骤 4：转换成 AVI 格式。准备好需要转换的视频文件，单击左边的->AVI 按钮，弹出->AVI 对话框。单击"添加文件夹"按钮把准备好的视频文件添加进来，如图 4-12 所示。然后在这个对话框里设置"输出配置"和"选项"。在 AVI 选项里可以设置截取视频片段和画面剪裁，如图 4-13 所示。设置并确定后，在->AVI 对话框里单击"确定"按钮，在弹出的格式工厂任务转换界面中单击"开始"按钮开始格式转换。转换完成后将显示转换成的 AVI 文件大小，如图 4-14 所示。在其中可以看到 7.75M 的 FLV 文件转换成 AVI 文件后文件大小变为了 14.63M，文件增大到原来的 188%。

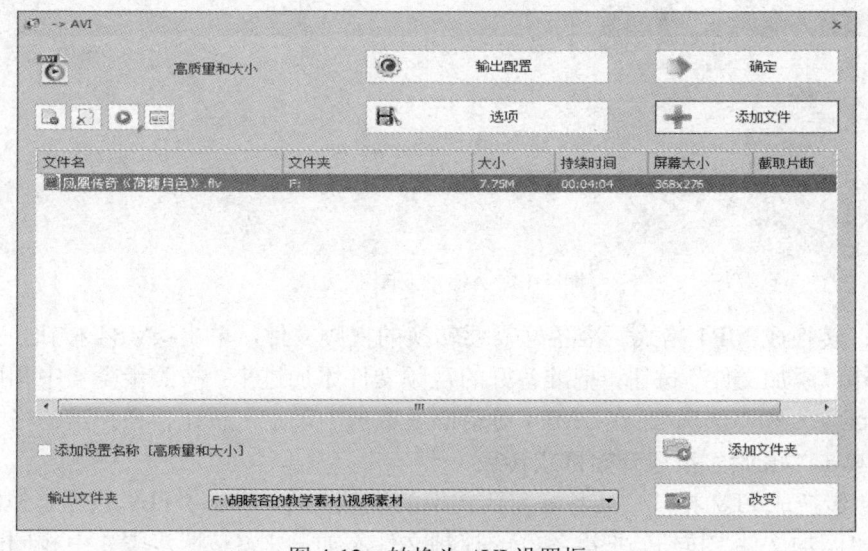

图 4-12　转换为 AVI 设置框

图 4-13　AVI 转换选项

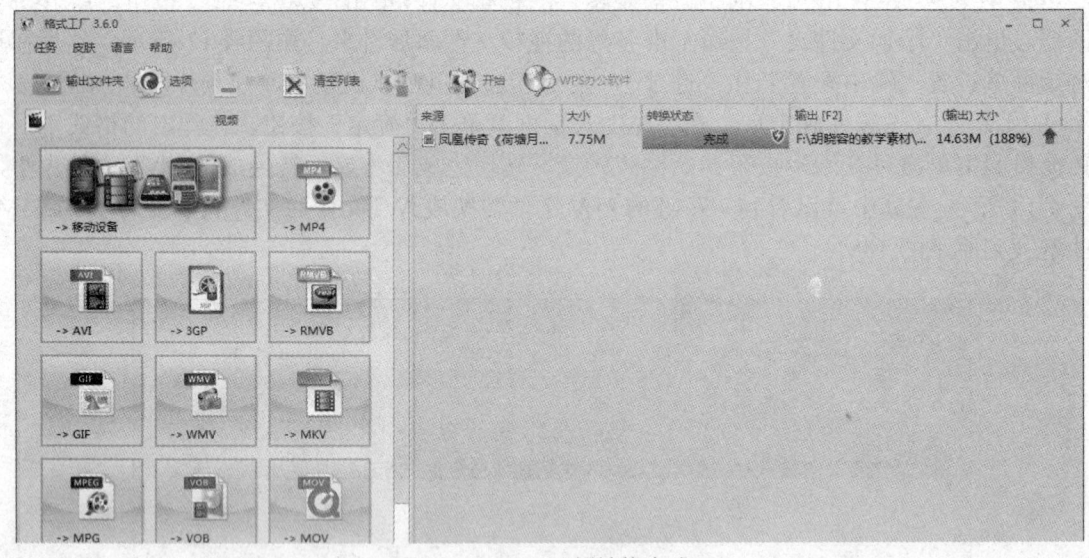

图 4-14　AVI 视频转换完成

步骤 5：转换成 MP4 格式。准备好需要转换的视频文件，单击->MP4 按钮，弹出->MP4 对话框。单击"添加文件"按钮，把准备好的视频文件添加进来。按照步骤 4 中相同的方法设置好"输出配置"和"选项"。在->MP4 对话框里单击"确定"按钮，在弹出的格式工厂任务转换界面中单击"开始"按钮开始格式转换。

步骤 6：转换成 FLV 格式。准备好需要转换的视频文件，单击->FLV 按钮，弹出->FLV 对话框。单击"添加文件"按钮，把准备好的视频文件添加进来。按照步骤 4 中相同的方法设置

第 4 章　教学中视频素材的处理与应用

好"输出配置"和"选项"。在弹出的格式工厂任务转换界面中单击"开始"按钮开始格式转换。转换完成后如图 4-15 所示。从图中可以看出，转换成 FLV 格式后视频文件由 22.54M 变为了 13.80M，压缩为原来的 61%。

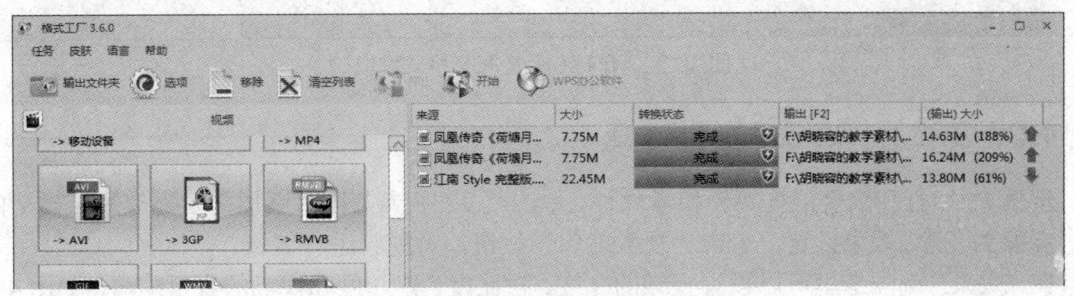

图 4-15　FLV 格式转换完成

步骤 7：转换成 SWF 格式。准备好需要转换的视频文件，单击->SWF 按钮，弹出->SWF 对话框。单击"添加文件"按钮，把准备好的视频文件添加进来。按照步骤 4 中相同的方法设置好"输出配置"和"选项"。在弹出的格式工厂任务转换界面中单击"开始"按钮开始格式转换。

步骤 8：转换成移动设备。准备好需要转换的视频文件，单击"->移动设备"按钮，弹出"更多设备"对话框，如图 4-16 所示。在其中选择移动设备的类型和其支持的视频格式，然后单击"确定"按钮。单击"添加文件"按钮，把准备好的视频文件添加进来。按照步骤 4 中相同的方法设置好"输出配置"和"选项"。在弹出的格式工厂任务转换界面中单击"开始"按钮开始格式转换。转换完成后如图 4-17 所示。从图中可以看出，78.28M 的"假如明天毕业.mp4"文件转换成 3GP 352X288 H263 格式的 3GP 文件后，文件大小只有 8.19M 了。

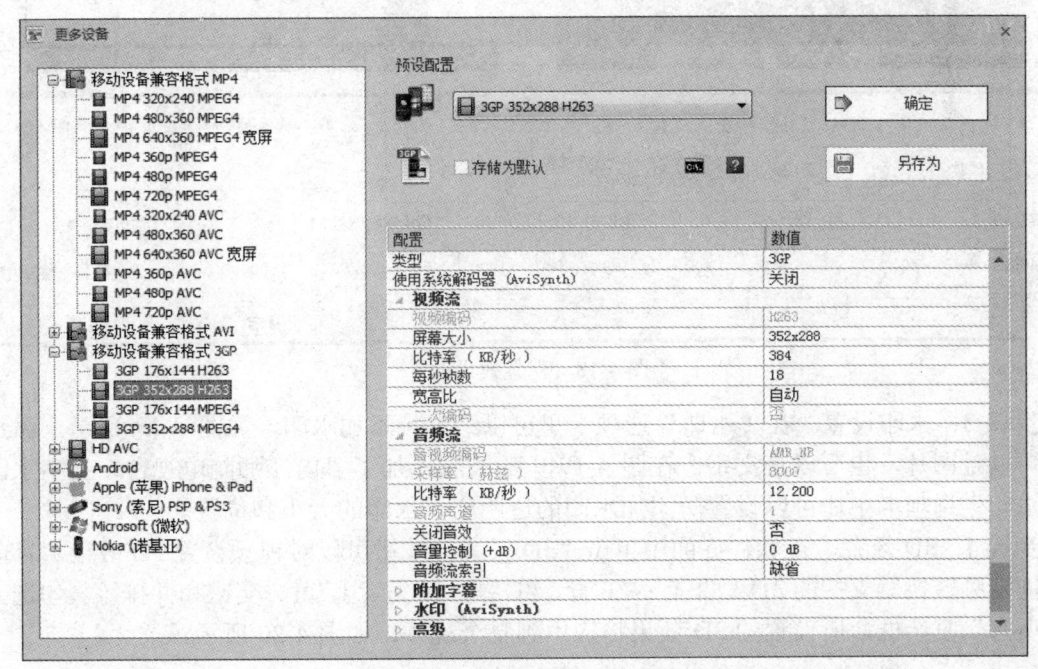

图 4-16　"更多设备"对话框

图 4-17　MP4 转换成 3GP 格式完成

4.4.4　实验 4　教学视频的效果处理

步骤 1：运行狸窝全能视频转换器软件，单击"添加视频"按钮添加需要处理的视频文件。

步骤 2：视频效果设置。单击"视频编辑"按钮，对视频进行编辑。

在"效果"选项卡里可以设置视频的亮度、对比度、饱和度和视频的音量缩放，如图 4-18 所示。

图 4-18　视频效果设置

步骤 3：水印设置。在"水印"选项卡里可以给视频添加水印，如图 4-19 所示。添加的水印可以是图片，也可以是文字。在图 4-19 中给视频添加了"内江师院电视台"文字水印。在"水印"选项卡中还可以设置所添加水印的透明度、水印的大小和位置。

步骤 4：3D 设置。在软件界面中单击"3D 设置"按钮可以对视频设置 3D 效果。目前狸窝全能视频转换器支持的 3D 效果有：红/青、红/绿、红/蓝、蓝/黄、交错和并排等。勾选"应用到所有"复选框，所设置的 3D 效果将应用到整个视频，如图 4-20 所示。

第 4 章 教学中视频素材的处理与应用

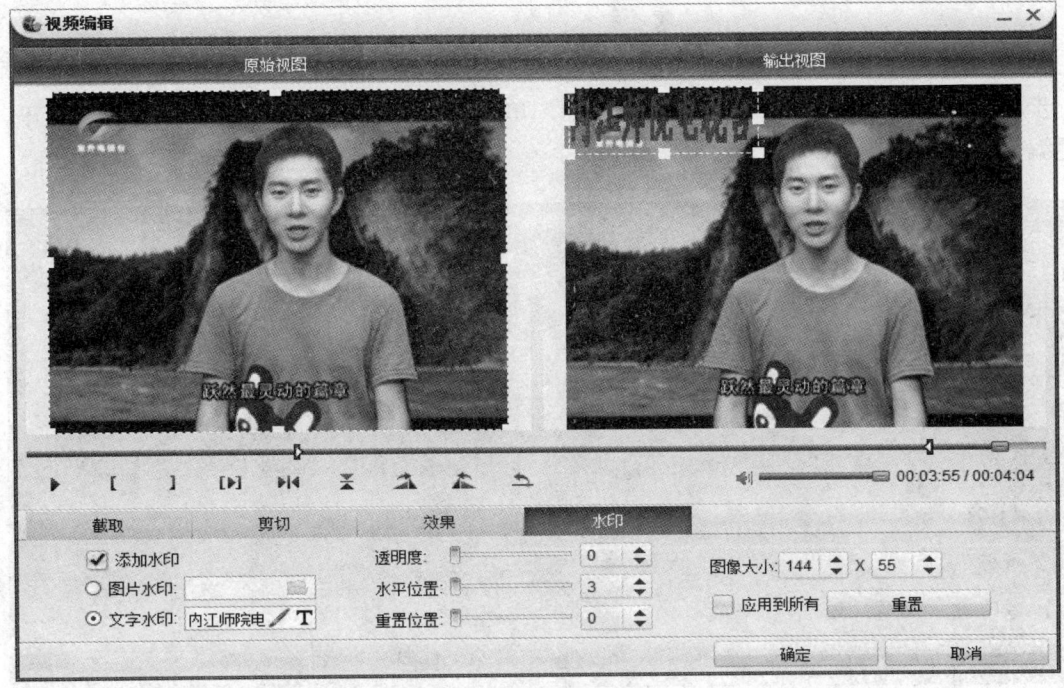

图 4-19 添加视频水印

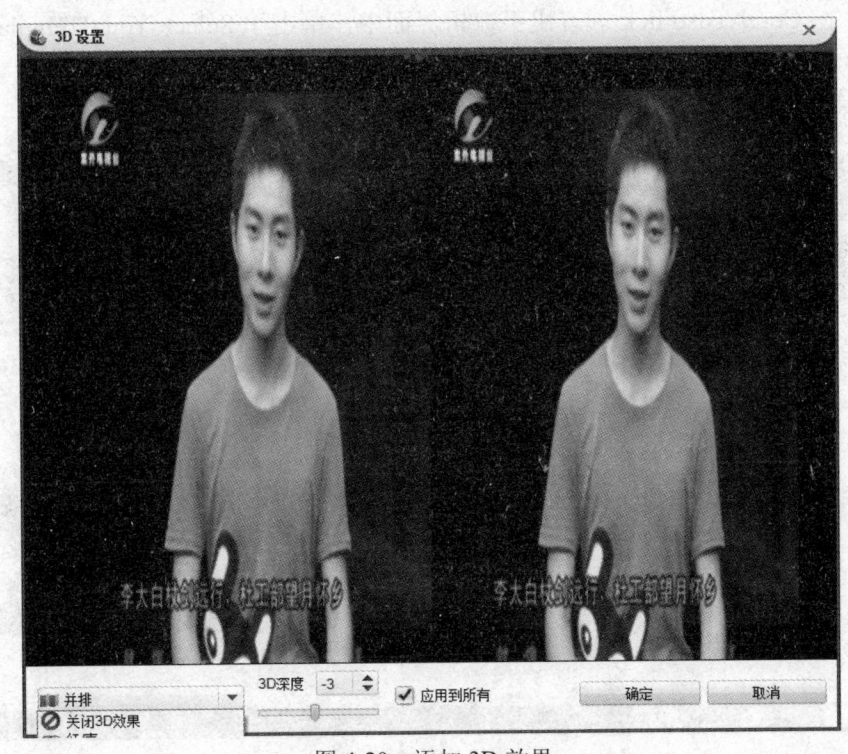

图 4-20 添加 3D 效果

步骤 5：单击"高级设置"按钮，选择视频输出方案，进行详细的输出设置。
步骤 6：单击"合成输出"按钮开始按照设置好的视频效果转换输出。

4.4.5 实验5 《我的大学生活》电子相册制作

步骤 1：启动 Corel VideoStudio X7 软件，单击"工具"→"影音快手"命令，打开影音快手编辑界面，如图 4-21 所示。

图 4-21 "工具"菜单选项

步骤 2：在 Corel FastFlick 影音快手编辑界面中，单击 1 Select Your Template 就会发现 Corel VideoStudio X7 提供的大量精彩的影片模板，如图 4-22 所示。预览并选中一个喜欢的模板，双击此模板，模板外观将在左侧视频预览区中显示并可预览。

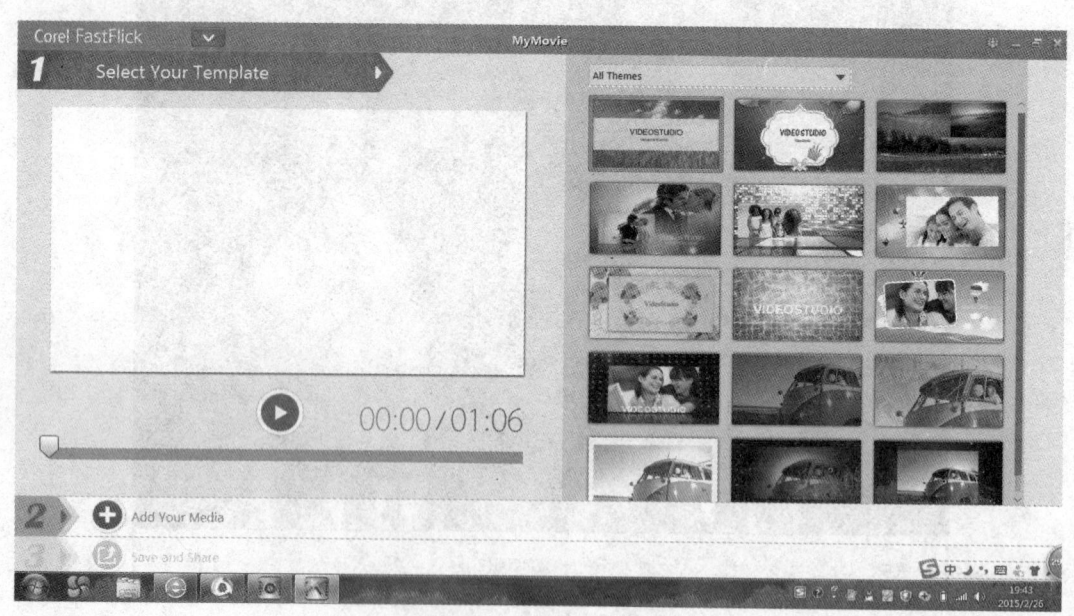

图 4-22 选择影片模板

步骤 3：单击 2 Add Your Media。在窗口右侧单击 Add Media 按钮添加自己的视频和图片素材，如图 4-23 所示。

图 4-23　添加素材

步骤 4：编辑标题和背景音乐。单击 Edit Title 按钮，修改模板的默认标题名称为"我的大学生活"，在右侧可以修改标题的字体、字号、颜色、效果等；单击 Edit Music 按钮，修改模板的默认背景音乐，在右侧可以设置背景音乐的音量大小、音效等，如图 4-24 所示。

图 4-24　编辑标题和背景音乐

步骤 5：单击 3 Save and Share，对编辑好的视频进行保存或分享操作。选择视频格式 MPEG-4，并在属性列表里选择一种视频参数，设置影片文件名和保存路径，再单击 Save Movie 按钮，如图 4-25 所示。当然，也可以单击 Edit in VideoStudio 将其导入 Corel VideoStudio X7 主界面进行更深入的编辑。Corel FastFlick 将自动渲染并导出影片，如图 4-26 所示。

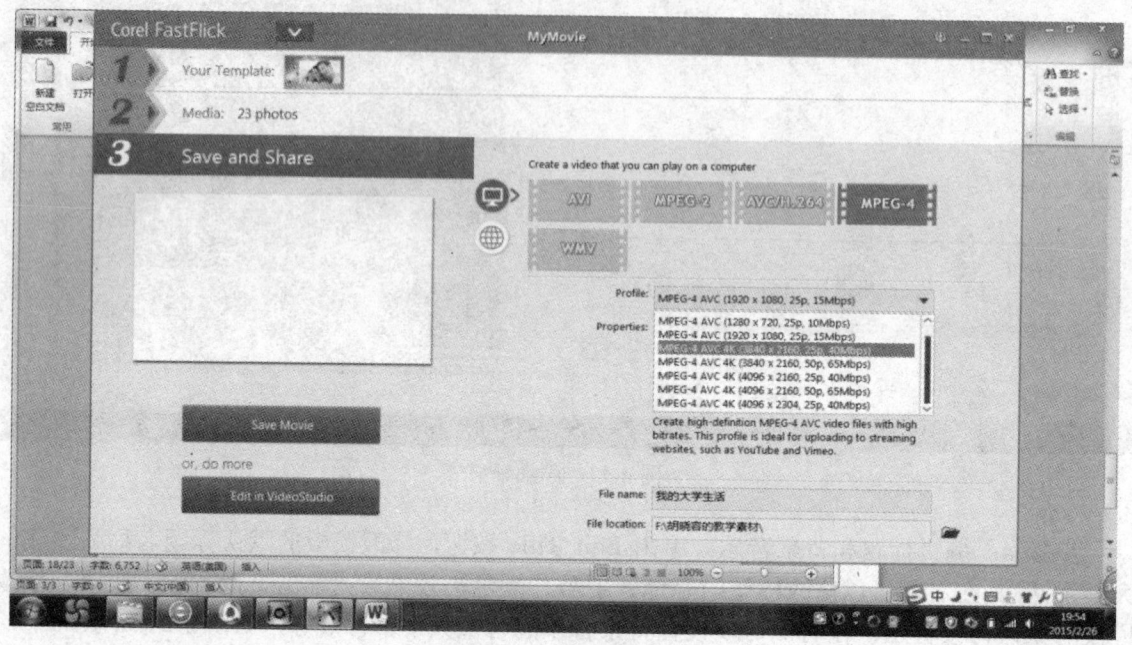

图 4-25　保存影片

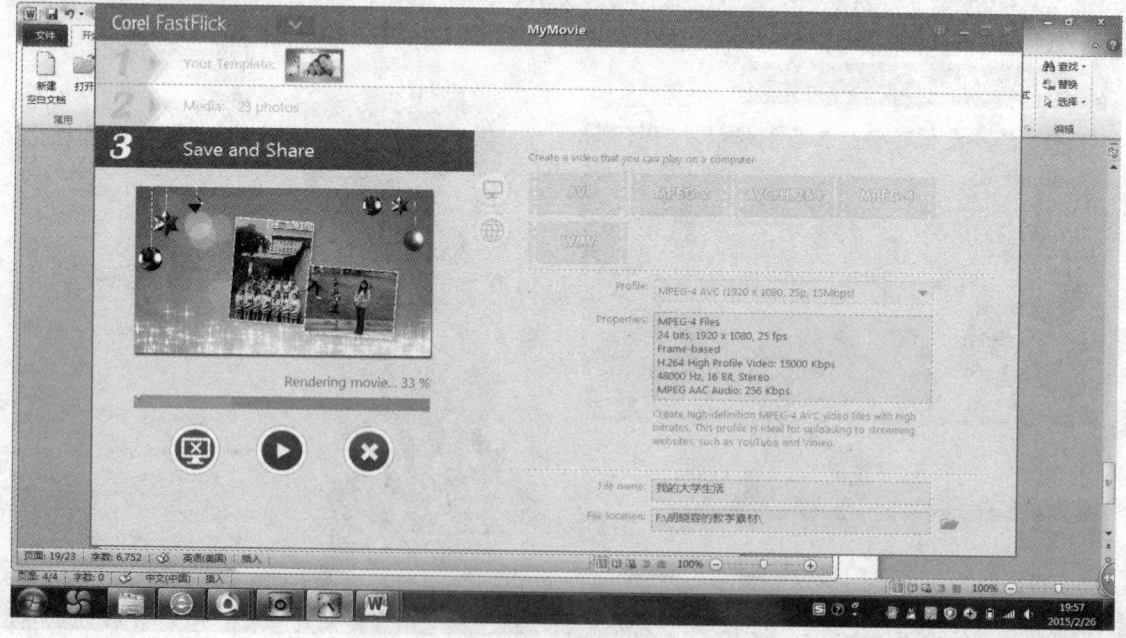

图 4-26　渲染影片

4.5 自主实验任务

通过学习上述视频素材的处理方法来完成下列任务：
（1）网上下载一集电视剧。
（2）把上面下载的电视剧去掉台标。
（3）给视频添加标题字幕。

4.6 实验知识拓展——视频采集[①]

视频采集把模拟视频转换成数字视频，并按数字视频文件的格式保存下来。所谓视频采集就是将模拟摄像机、录像机、LD视盘机、电视机输出的视频信号，通过专用的模拟/数字转换设备转换为二进制数字信息的过程。在视频采集工作中，视频采集卡是主要设备，它分为专业和家用两个级别。专业级视频采集卡不仅可以进行视频采集，而且可以实现硬件级的视频压缩和视频编辑。家用级的视频采集卡只能做到视频采集和初步的硬件级压缩，而更为"低端"的电视卡，虽然可以进行视频的采集，但它通常都省去了硬件级的视频压缩功能。

1. 视频保存格式

影片拍好了，可以直接放在DV带上保存，以后就用DV机回放；可以采集到计算机里，编辑后回录到DV带上；可以采集到计算机里，直接把DVAVI文件刻到CDR上去保存；可以压缩成MPG，刻成VCD或者SVCD、DVD和CD保存。MPG是有损压缩，不管是压缩成什么格式，画质都有损失，但是刻MPG盘保存还是最常用的方式。

DV影片的回放在电视机上的表现远强于在CRT上的表现，如图4-27所示。尽管CRT的分辨率要高得多，主要是因为电视的设计就是为了显示动态画面，所以在亮度、色彩鲜艳上都比显示静态为主的CRT要好，而普通电视的显示分辨率只有320线，那么DV高达720×576的分辨率根本用不着，不管是VCD的352×288还是SVCD的480×576都足够，所以尽管压缩成MPG画质有损失，但是在电视上基本是看不出来的。在电脑上看，SVCD的分辨率也足够清晰了。

图4-27 视频采集设备

---

① 视频采集. http://baike.baidu.com/link?url=-jB1x3KAy41BRsORTASA2xbxccBS-RFhzPWcLKBuoljQ8sRDNQfXcroxsGUKr7pltBJ5lWLfIW9e49HP1coqqa。

2. 保存格式的优劣性

DV 带的保存是个问题，毕竟是磁带，DV 带用得时间还不长，但以前的录音机磁带时间长了粘连和发霉的情况估计大家都见过。而 CDR 光盘的蓝盘、绿盘在一般情况下不磨损可以保存 30~50 年，金盘号称能保存 100 年，虽然光盘也有发霉的可能，但是毕竟好得多。

播放的方便性上，也是光盘强，DV 带就得把 DV 机搬出来，还只能在电视上看，对磁头也是个磨损，倒带也很麻烦。

3. 安装 1394 卡

DV 机上一般都有两个连接计算机的接口，其中一个是接串口或者 USB 口的，这个一般是采集静像用的（有些带 MPEG1 压缩的 DV 可以通过 USB 口采集 MPEG1 格式，不过效果较差），另外一个就是采集 DV 视频要用到的 1394 口，全称是 IEEE1394，也叫 FIRELINE（火线），SONY 机上叫 I.LINK，在 DV 机上是 4 针的小口，一般电脑上的 1394 口是 6 针的大口。

采集的第一步是安装 1394 卡，如图 4-28 所示。

图 4-28 视频采集卡

把卡插在计算机的 PCI 插槽里（笔记本要买 PC 卡的外置 1394 卡），然后开机，Windows 98SE/2000/XP 操作系统都可以自动找到 1394 设备并且自动安装驱动程序。如果发现 1394 卡不能正常工作，请先把计算机的主板驱动和补丁程序装齐，不行的话再试试修改一下冲突设备的中断或者换一个操作系统。

1394 卡有不同公司的芯片，不是所有的 1394 卡都可以兼容所有的主板，一般来说 TI 芯片因为做得比较早，和主板兼容性比较好，而 VIA 芯片的卡和 VIA 自己的主板当然没有问题，但是在和别的主板配合时容易出问题。如果办法都用了还是不能正常工作，那就是主板和 1394 卡不兼容。所以购买 1394 卡时要和商家说明，不兼容的卡包换包退。1394 卡安装后，在设备管理器里能看到正常工作的 1394 设备就好了。1394 口是支持热插拔的。

4. 软件准备

采集的软件有很多，会声会影、Premiere、DVSTUDIO7 都是比较常用的。一般认为，采集功能上 DVSTUDIO7 是做得最好的，界面很漂亮，而且采集的画质也比别的软件好一些。不过 DVSTUDIO7 是品尼高的软件，不是所有的 1394 卡都能用的，一般用会声会影或者 Premiere，如图 4-29 所示。

图 4-29　视频采集软件准备

采集对计算机的要求并不是很高，一般的赛扬 CPU、5400 转硬盘都可以做到不掉帧，有些朋友采集的效果不好，一般是因为主板芯片组是 VIA 或 SIS 的，这些公司芯片的主板磁盘性能不如 Intel 的，而且需要装主板驱动才能打开 DMA，如果 DMA 没有打开磁盘性能会很差，一般情况下硬盘是不需要设置的，不过有时硬盘的 DMA 没有打开，就需要到硬盘生产厂的网站上下载一个设置程序进行调整。采集时不要做别的事，也尽量减少后台程序的运行。

笔记本的性能普遍比 PC 机差，特别是磁盘性能，硬盘现在也只做到 4200 转，单碟容量又小，老一点的笔记本采集掉帧很正常。所以用笔记本来做采集编辑不是一个明智的选择。

1394 口采集到计算机里是未压缩的 DVAVI 文件，建议先编辑再压缩，压缩成 MPG 后再编辑当然也可以，不过要反复解码编码，速度慢很多。编辑软件一般家用就用会声会影即可，界面简单，容易上手，基本功能都有，买个正版也很便宜。追求一点准专业效果的可以考虑使用 PR6.5，功能很强，还可以带各种插件来增加功能，不过学起来就没有那么容易了。一般的编辑就是加点字幕，加点配音，调调亮度，做一点片头和转场，不过要记得一点，转场效果不要滥用，开始是新鲜，用多了就会看得眼花缭乱冲淡了主题。

5. 转换保存

采集的视频编辑完成后可以回录到 DV 带，一般压缩成 MPG，推荐压缩成 SVCD（SuperVCD）格式，VCD 是 MPEG1 编码，效果比较差，达不到播放要求。而 DVD 格式现在 DVD 刻录机还很少，刻在 CDR 上的 MiniDVD 也不好，首先是 MiniDVD 和真正的 DVD 还是区别很大，5.1 声道是没有的，而且 MiniDVD 相比 SVCD 画质的提高并不明显，但是存储文件却大了很多，性价比（这里借用这个词）不高，做 MiniDVD 还不如直接保存成 DVAVI 文件。

所有的编辑软件都可以压缩，但效果最好的是 TMPGENC，它是日本人写的免费软件。新版本的 TMPGENC 都带了模板，模板中已经存储了各种压缩格式的参数，一般情况下这就是最佳参数了，所以如果不是真的很懂就不要自己调整了。

TMPGECN 压缩的速度比较慢，因为压缩的速度和画质是成反比的，又快又好的软件是不存在的（又慢又差的倒是有可能），如果对画质要求不高，要求快一点，有很多软件的压缩速度都比 TEMGPNC 快得多。用 TMPGENC，把多个项目文件做好，打开批处理，把项目文件加进去，然后运行，再选上压缩结束后自动关机，然后关掉显示器睡觉去，计算机又不怕辛苦，最多是多费点电而已。

PR 编辑过的 AVI 文件可能 TMPGENC 不认，这个问题只要在 TMPGENC 的系统设置里把 DIRECTSHOW 的优先级调高即可（选择了 DIRECTSHOW 后右击即可知道怎么调了）。

TMPGENC 还有一个很实用的功能，用它来做 MPG 文件的剪切拼接是最方便的，在 MPEG 工具里就能看到，由于不进行重新编码，故速度很快。

6. 计算机配置

采集本身对计算机要求很低，视频编辑对 CPU、硬盘、主板性能都要求比较高（但是对显卡的 3D 能力完全不要求），论坛上也讨论过用 Intel 还是 AMD 的 CPU 好，我的个人看法是用 Intel 的，我知道 AMD 的东西价格便宜量又足，但是有 3 个原因让我选择 Intel：

- 我看过微型计算机的测试，同频的 CPU 中 Intel 的 P4 在视频流媒体处理上还是高出一筹。
- AMD CPU 配的主板性能太差，特别是在对视频制作很重要的磁盘性能上，不管是 VIA、SIS 还是 AMD 自己的主板，都比 Intel 的 BX、815、845 这些主板差一些。
- AMD 的 CPU 发热大，而且温度保护做得不好，前面说的自己睡觉让计算机去压缩，换了是 AMD 的 CPU 就会担心了，万一风扇不转了是会烧毁机器的，而 Intel 的最多是死机而已。

压缩成 MPG，就要刻盘保存，还是刻 SVCD 盘，如果直接把 MPG 文件刻到盘上，就只能在电脑上看了。据说最好的刻 SVCD 的软件是 VIDEOPACK，刻录机带的 NERO，选 SUCD 格式，把 MPG 文件拖到文件窗口中即可，NERO 会检测一下文件格式，如果不符合标准格式会要求重新编码，TMPGENC 出来的文件都不会有问题，如果是超级解霸做出来的 MPG 则一般不认。

刻好的 SVCD 盘有时候在 VCD 机上放不出来，首先要看 VCD 机是不是支持 SVCD 格式，然后注意刻盘的时候要封盘，如果还不行试一下降低刻录速度，再不行估计是 VCD 机不支持 CDR 刻录盘，因为市面上卖的光盘是压制的，CDR 是染料烧制的，压制的盘信号反射比 CDR 强得多，如果是这个原因，那就没办法了。

第 5 章　教学中动画素材的处理与应用

5.1　实验目的

（1）掌握 3 种不同的帧：关键帧、空白关键帧、普通帧。
（2）掌握元件的制作方法。
（3）掌握逐帧动画的制作要领和步骤。
（4）掌握形状补间动画的制作要领和步骤。
（5）掌握运动补间动画的制作要领和步骤。
（6）掌握遮罩动画的制作要领和步骤。
（7）掌握引导路径动画的制作要领和步骤。

5.2　实验任务与要求

（1）实验 1　逐帧动画制作。
要求：
①新建 Flash 文档，然后制作文字逐帧动画，文件保存为"逐帧动画.fla"。
②在时间轴的图层 1 上添加关键帧，在舞台中添加文字"内江师范学院"，第 1 帧有一个字，第 10 帧有两个字，第 20 帧有 3 个字，……，第 50 帧有 6 个字，第 60 帧为普通帧。
③导出 Flash 动画影片为"逐帧动画.swf"。

（2）实验 2　形状补间动画制作。
要求：
①新建 Flash 文档，然后制作几何图形形状变化的动画，文件保存为"形状补间动画.fla"。
②在时间轴的图层 1 上添加关键帧，在舞台中绘制几何图形，第 1 帧绘制一条直线，第 30 帧绘制一个三角形，第 60 帧绘制一个圆。
③设置形状补间动画：为图形添加"形状提示"，使得形状合理变化。
④导出 Flash 动画影片为"形状补间动画.swf"。

（3）实验 3　运动补间动画制作。
要求：
①新建 Flash 文档，然后制作飞机运动动画，文件保存为"运动补间动画.fla"。
②制作一架飞机图片的图形元件。
③在时间轴的图层 1 上添加关键帧，在舞台中绘制飞机图形元件实例，第 1 帧飞机在舞台右下方，第 40 帧飞机在舞台中间位置，第 100 帧飞机在舞台左上方，尺寸变小，Alpha 为 0。

④设置运动补间动画：调整第二段动画的"缓动"参数为正数，使得飞机运动速度合理变化。

⑤导出 Flash 动画影片为"运动补间动画.swf"。

（4）实验 4　遮罩动画制作。

要求：

①新建 Flash 文档，然后制作照片遮罩的动画，文件保存为"遮罩动画.fla"。

②找到一张照片的图片，将其导入到库。

③在时间轴的图层 1 的第 1 帧，在舞台中添加照片图片，第 80 帧为普通帧。

④在时间轴上新建图层 2，在第 1 帧绘制一个矩形面，其大小与舞台相同；在第 50 帧绘制一个椭圆面，其大小为在照片上刚好能够覆盖某个人；第 80 帧为普通帧。在第一段创建形状补间动画。

⑤将图层 2 设置为遮罩层，图层 1 为被遮罩层。

⑥导出 Flash 动画影片为"遮罩动画.swf"。

（5）实验 5　引导路径动画制作。

要求：

①新建 Flash 文档，然后制作小球圆周运动的动画，文件保存为"引导路径动画.fla"。

②创建一个小球的图形元件。

③将小球元件添加到第 1 帧和第 80 帧，创建运动补间动画。

④制作路径。在时间轴上新建图层，将图层 1 第 1 帧中的椭圆曲线复制并粘贴到图层 3 的第 1 帧中，位置坐标相同。将其擦出一个缺口。

⑤将图层 2 设置为引导层，图层 1 为被引导层。将图层 2 中两个关键帧中的小球分别拖放到椭圆曲线端口处的两端。

⑥导出 Flash 动画影片为"引导路径动画.swf"。

（6）实验 6　液体变颜色化学实验动画制作。

要求：

①新建 Flash 文档，然后制作照片人物遮罩的动画，文件保存为"化学实验动画.fla"。

②找到一张集体人物照片的图片，将其导入到库。

③在时间轴上图层 1 的第 1 帧，在舞台中添加照片图片，第 80 帧为普通帧。

④在时间轴上新建图层 2，在第 1 帧绘制一个矩形面，其大小与舞台相同；在第 50 帧绘制一个椭圆面；第 80 帧为普通帧。在第一段创建形状补间动画。

⑤将图层 2 设置为遮罩层，图层 1 为被遮罩层。

⑥导出 Flash 动画影片为"化学实验动画.swf"。

5.3　实验知识要点

主要知识点有元件的制作、逐帧动画的制作、形变动画的制作、运动动画的制作、引导路径动画的制作等。

5.4 实验过程与步骤

5.4.1 实验1 逐帧动画制作

步骤 1：单击"开始"→"所有程序"→Adobe Flash CS4 命令启动 Adobe Flash CS4 软件，Flash 窗口主要包括标题栏、菜单栏、工具栏、舞台、"库"面板、"属性"面板等，如图 5-1 所示。

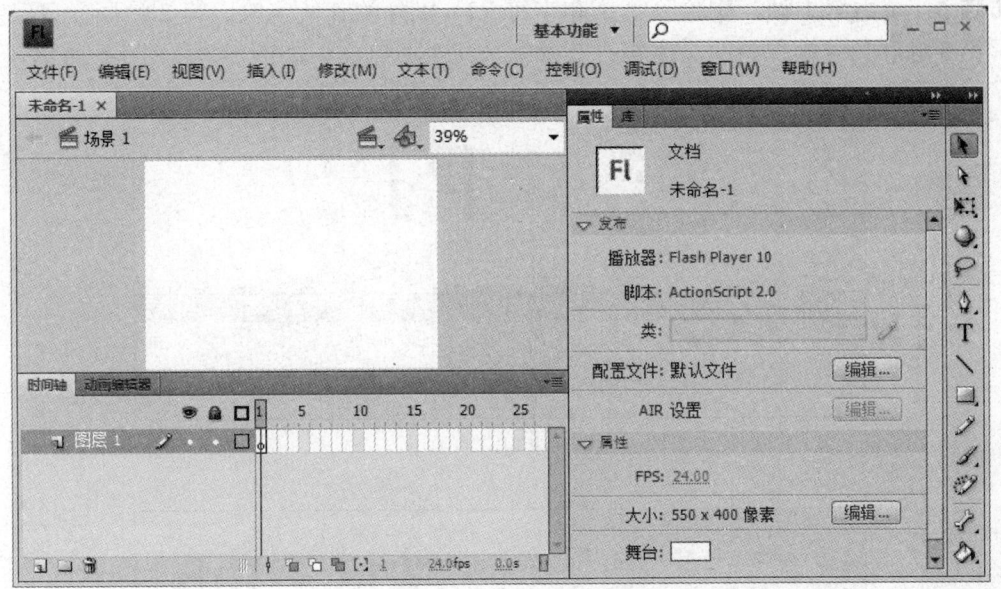

图 5-1　Flash CS4 窗口组成

步骤 2：选择文本工具，在舞台中输入"内江师范学院"，在"属性"面板中设置文本颜色为蓝色，字号为 60，字体为黑体，文本属性为静态文本，如图 5-2 所示。

图 5-2　创建文本

步骤 3：选中文本，单击"修改"→"分离"命令（快捷键是 Ctrl+B）将文本分离成单个字符，如图 5-3 所示。

图 5-3　文本分离

步骤 4：依次选中第 10、20、30、40、50 帧，单击"插入"→"时间轴"→"关键帧"命令插入关键帧，在第 60 帧单击"插入"→"时间轴"→"普通帧"命令插入普通帧，如图 5-4 所示。

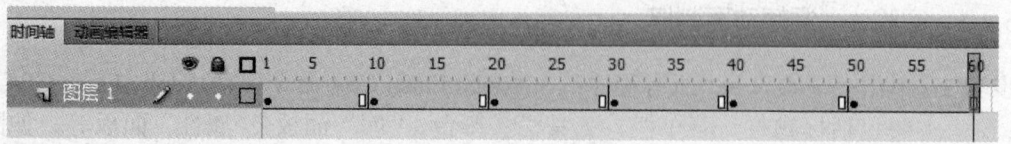

图 5-4　插入关键帧

步骤 5：单击第 1 帧，删除除第 1 和字符（I）以外的其他字符；第 2 帧同样只保留一个字符；第 3 帧和第 4 帧保留两个字符；其余帧依次类似制作，如图 5-5 和图 5-6 所示。

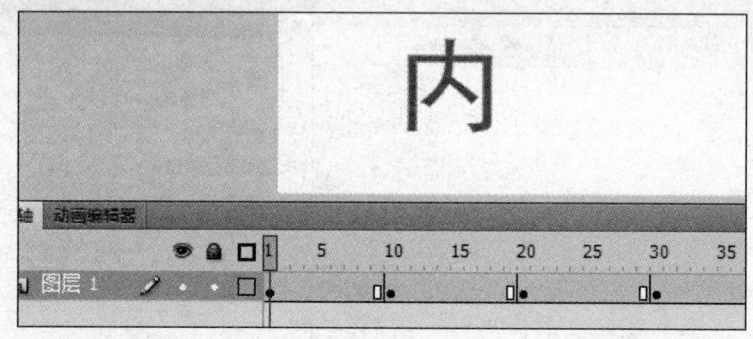

图 5-5　第 1 帧画面

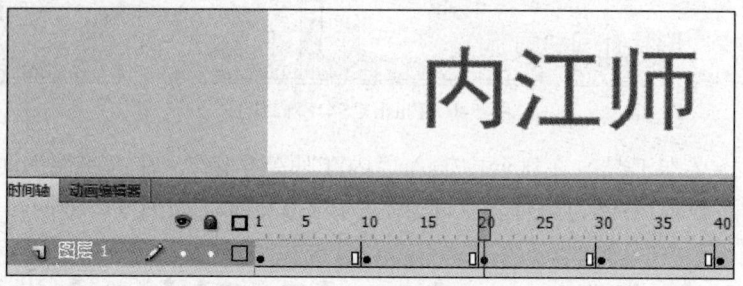

图 5-6　第 30 帧画面

步骤 6：选择"控制"→"测试影片"命令（快捷键是 Ctrl+Enter）测试影片，观察动画效果，如图 5-7 所示。

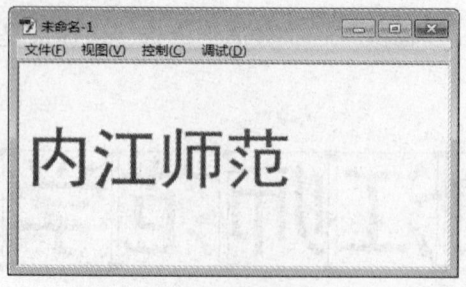

图 5-7　测试影片

步骤 7：选择"文件"→"保存"命令，保存为"逐帧动画.fla"，如图 5-8 所示。

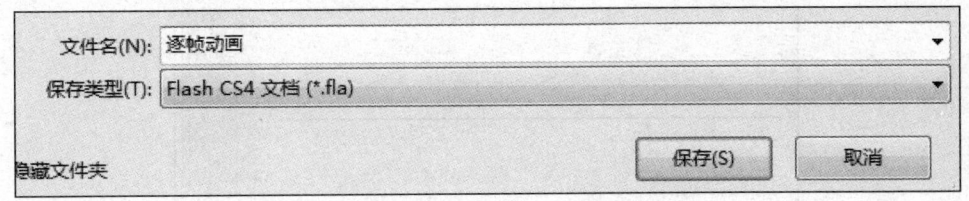

图 5-8 "保存"对话框

步骤 8：选择"文件"→"导出"→"导出影片"命令，保存为"逐帧动画.swf"，如图 5-9 所示。

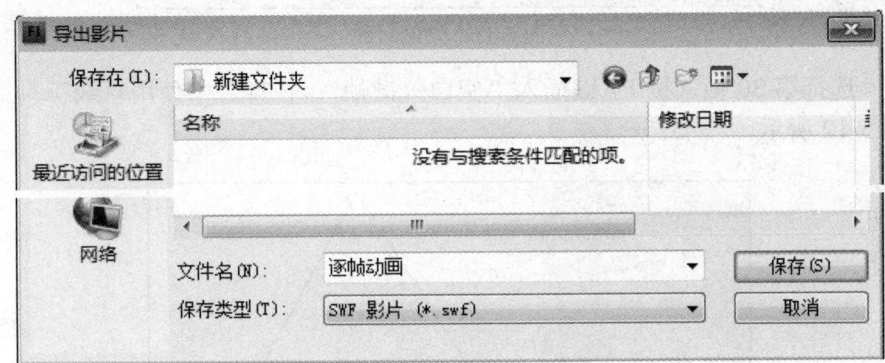

图 5-9 "导出影片"对话框

5.4.2 实验 2 形状补间动画制作

步骤 1：单击"开始"→"所有程序"→Adobe Flash CS4 命令启动 Adobe Flash CS4 软件，选择"文件"→"保存"命令，保存为"形状补间动画.fla"，如图 5-10 所示。

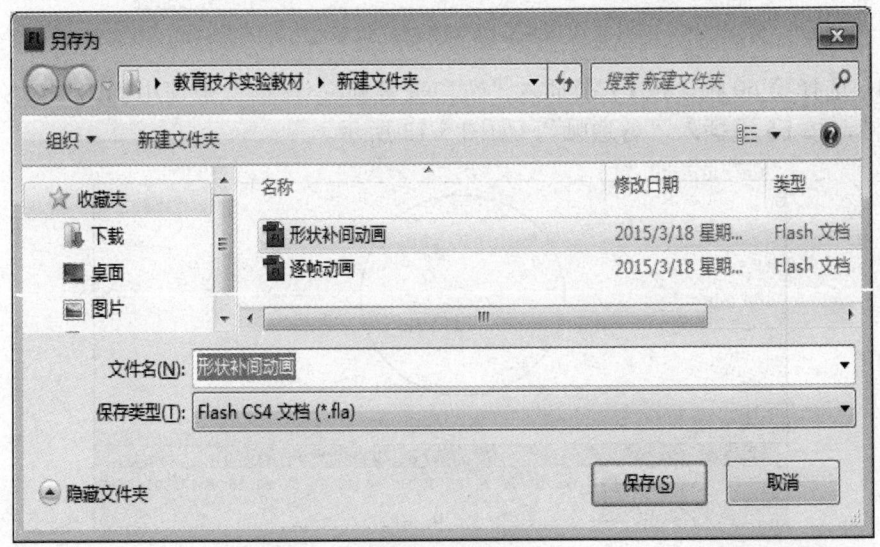

图 5-10 保存文件

步骤 2：选择第 1 帧，在舞台中使用直线工具绘制一条直线，如图 5-11 所示。

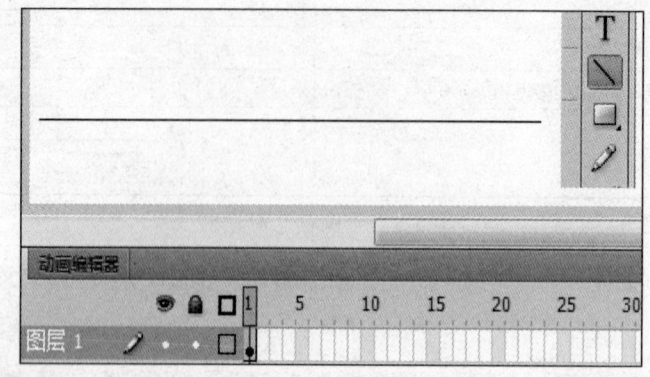

图 5-11　绘制直线

步骤 3：选择第 30 帧，按 F7 键插入"空白关键帧"；在舞台中使用直线工具绘制一个三角形，如图 5-12 所示。

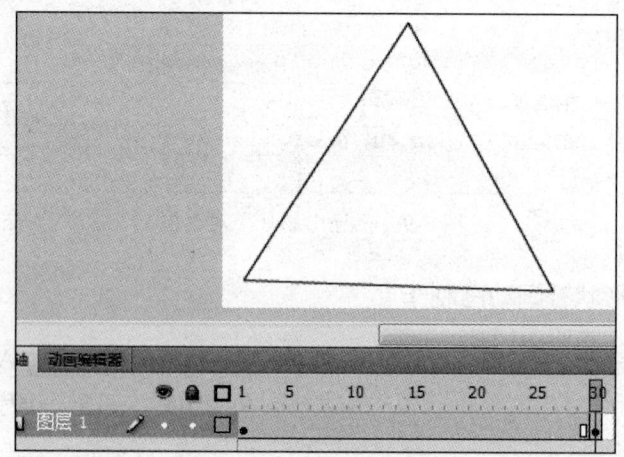

图 5-12　绘制三角形

步骤 4：选择第 60 帧，按 F7 键插入"空白关键帧"；在舞台中使用椭圆工具绘制一个圆；选择第 90 帧，按 F5 键插入"普通帧"，如图 5-13 所示。

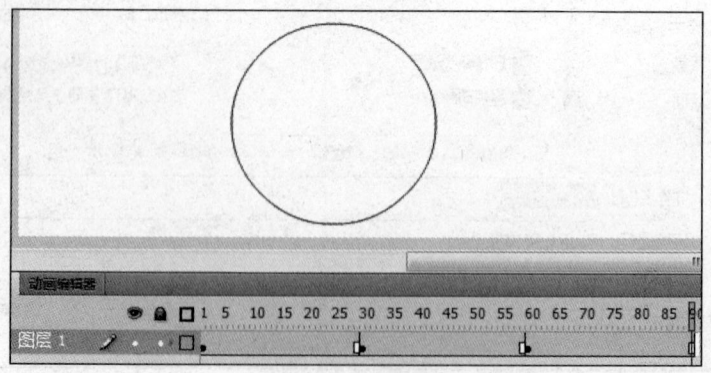

图 5-13　绘制圆

步骤 5：选择第 1 帧并右击，在弹出的快捷菜单中选择"创建补间形状"选项，如图 5-14 所示。

图 5-14　创建补间形状

步骤 6：选择第 30 帧并右击，在弹出的快捷菜单中选择"创建补间形状"选项，时间轴如图 5-15 所示。

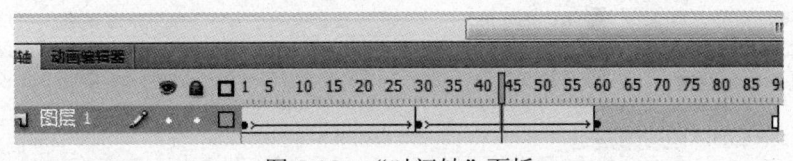

图 5-15　"时间轴"面板

步骤 7：选择"控制"→"测试影片"命令（快捷键是 Ctrl+Enter）测试影片，观察动画效果，如图 5-16 所示。

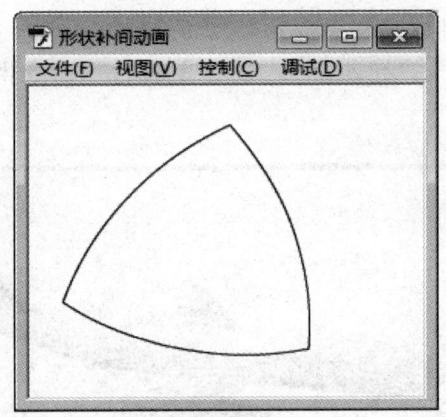

图 5-16　测试影片

如果测试效果不满意，可以通过执行"修改"→"形状"→"添加形状提示"命令来为图形添加三个形状提示，进而控制形变效果，如图 5-17 所示。

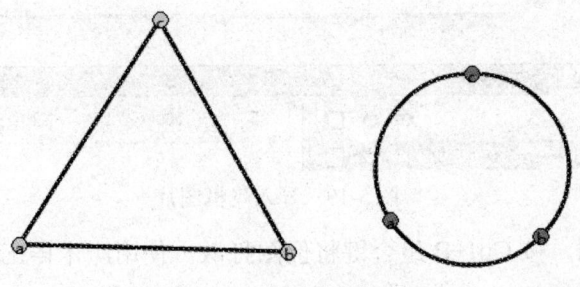

图 5-17　添加形状提示

步骤 8：选择"文件"→"导出"→"导出影片"命令，保存为"形状补间动画.swf"。

5.4.3 实验 3 运动补间动画制作

步骤 1：单击"开始"→"所有程序"→Adobe Flash CS4 命令启动 Adobe Flash CS4 软件，选择"文件"→"保存"命令，保存为"运动补间动画.fla"，如图 5-18 所示。

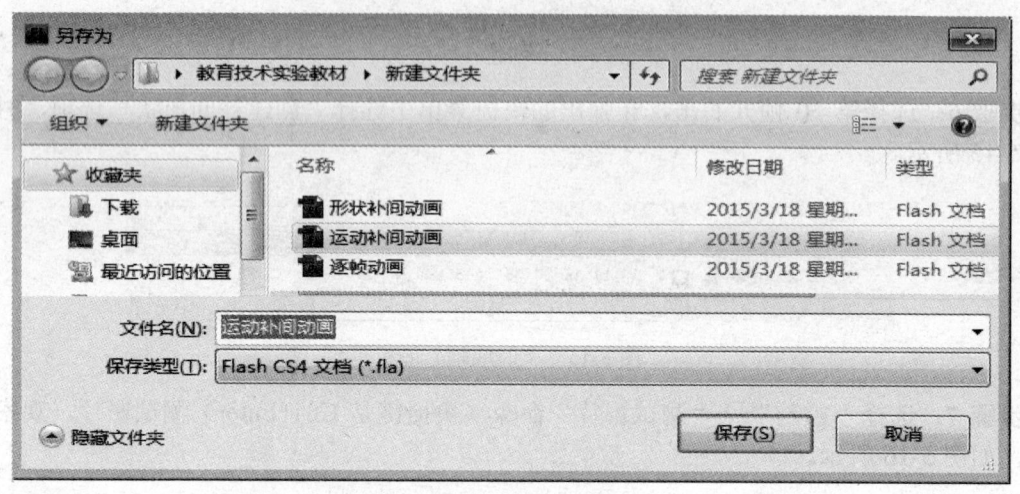

图 5-18 保存文件

步骤 2：选择"文件"→"导入"→"导入到舞台"命令将飞机图片导入到舞台，如图 5-19 所示。

图 5-19 导入飞机图片

步骤 3：选中位图，按 Ctrl+B 组合键将位图打散。使用魔术棒工具删除位图中的背景色，如图 5-20 所示。

图 5-20　飞机图片背景删除

步骤 4：选择飞机图形，按 F8 键将其转换为"图形"元件，如图 5-21 所示。

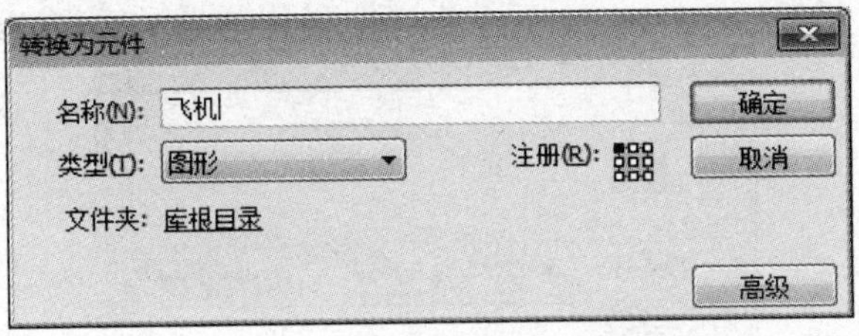

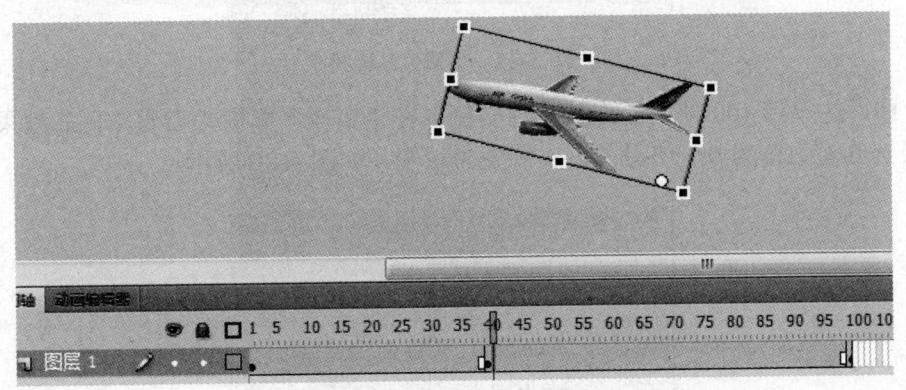

图 5-21　转换为"图形"元件

步骤 5：选择第 40 帧、第 100 帧，按 F6 键插入"关键帧"。

步骤 6：调整飞机位置、大小和方向：第 1 帧飞机在舞台左方；第 40 帧飞机在舞台中间位置；第 100 帧飞机在舞台右上方，尺寸变小，如图 5-22 所示。

图 5-22　调整飞机位置

步骤 7：选择第 1 帧并右击，在弹出的快捷菜单中选择"创建传统补间"选项，如图 5-23 所示。

图 5-23　创建传统补间

步骤 8：选择第 30 帧并右击，在弹出的快捷菜单中选择"创建补间形状"选项，时间轴如图 5-24 所示。

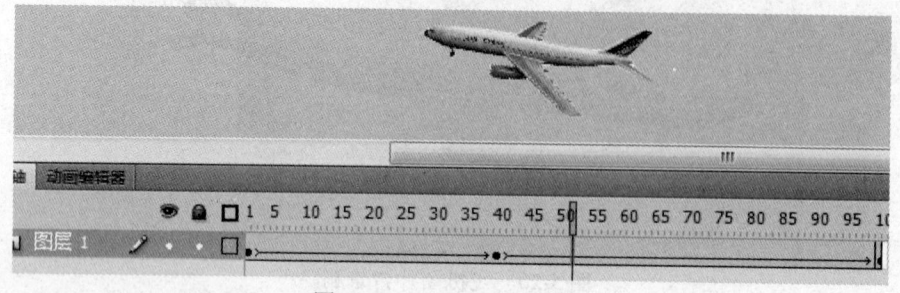

图 5-24 "时间轴"面板

步骤 9：选择第 30 帧，在"属性"面板中设置"缓动"的参数值为 100，如图 5-25 所示。

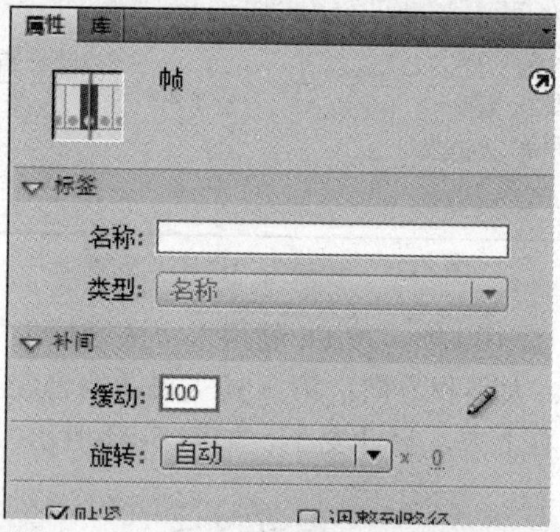

图 5-25 "属性"面板

步骤 10：选择第 100 帧中的飞机元件实例，在"属性"面板中设置"色彩效果|样式"为 Alpha，设置其参数值为 0，使得飞机实例变为透明，如图 5-26 所示。

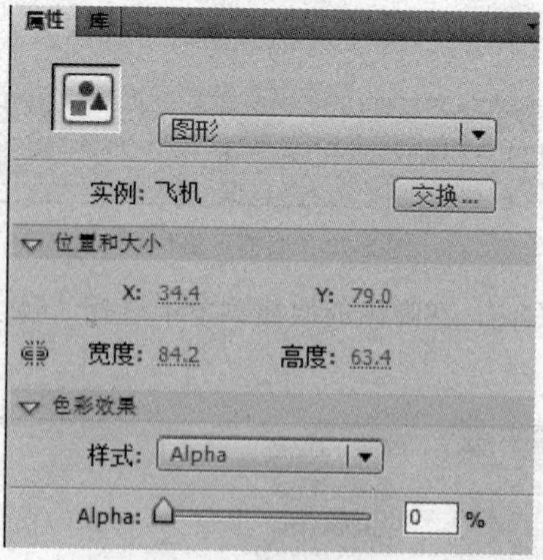

图 5-26 "属性"面板

步骤 11：选择"控制"→"测试影片"命令（快捷键是 Ctrl+Enter）测试影片，观察动画效果，如图 5-27 所示。

图 5-27 测试影片

步骤 12：选择"文件"→"导出"→"导出影片"命令，保存为"运动补间动画.swf"。

5.4.4 实验 4 遮罩动画制作

步骤 1：单击"开始"→"所有程序"→Adobe Flash CS4 命令启动 Adobe Flash CS4 软件，选择"文件"→"保存"命令，保存为"遮罩动画.fla"。

步骤 2：选择"文件"→"导入"→"导入到舞台"命令将图片导入到舞台中，更改图片位置和大小，如图 5-28 所示。

图 5-28 图片导入

步骤 3：选择第 80 帧，按 F5 键插入"普通帧"，如图 5-29 所示。
步骤 4：在图层 1 上面再新建一个图层，命名为"遮罩"，如图 5-30 所示。

图 5-29 "时间轴"面板

图 5-30 新建图层

步骤 5：选择"遮罩"图层的第 1 帧，在舞台中绘制一个矩形面，尺寸与舞台一致。

步骤 6：选择第 50 帧，绘制一个椭圆面，其大小刚好能够覆盖照片上小狗的头部；选择第 80 帧，插入普通帧，如图 5-31 所示。

图 5-31 "时间轴"面板

步骤 7：选择第 1 帧并右击，在弹出的快捷菜单中选择"创建补间形状"选项，如图 5-32 所示。

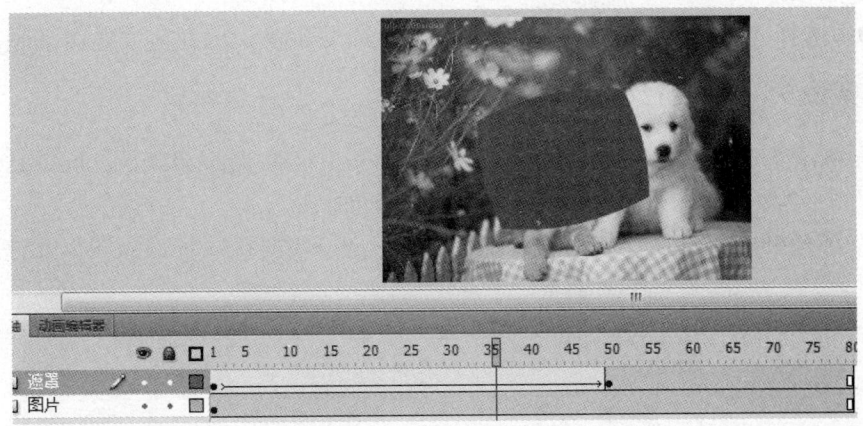

图 5-32　创建补间形状

步骤 8：右键选择"遮罩"图层，选择"遮罩层"命令，当前图层属性将变为遮罩层，下面的"图片"图层将变为被遮罩层，两个图层自动锁定，舞台出现遮罩效果，如图 5-33 所示。

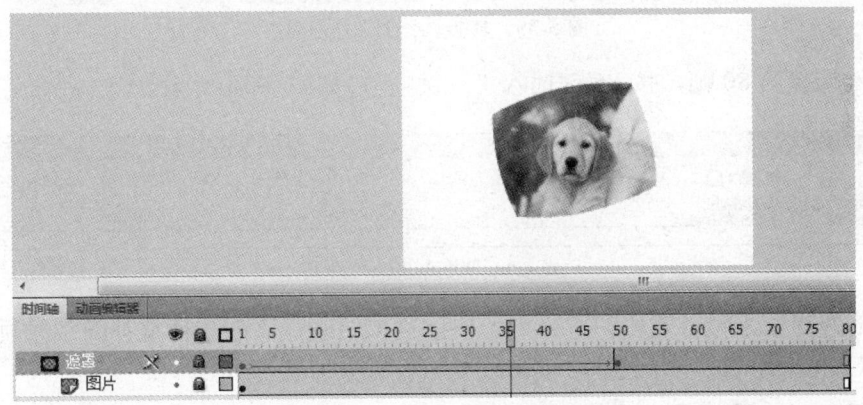

图 5-33　"时间轴"面板

步骤 9：选择"控制"→"测试影片"命令（快捷键是 Ctrl+Enter）测试影片，观察动画效果，如图 5-34 所示。

图 5-34　测试影片

步骤 10：选择"文件"→"导出"→"导出影片"命令，保存为"遮罩动画.swf"。

5.4.5 实验 5 引导路径动画制作

步骤 1：单击"开始"→"所有程序"→Adobe Flash CS4 命令启动 Adobe Flash CS4 软件，选择"文件"→"保存"命令，保存为"引导路径动画.fla"。

步骤 2：选择椭圆工具，在舞台中绘制一个圆，按 F8 键将其转换为图形元件，如图 5-35 所示。

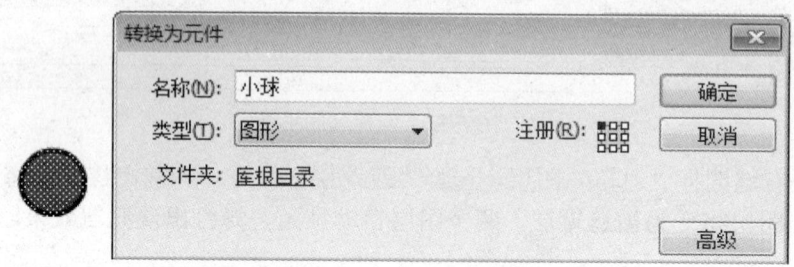

图 5-35 转换为小球图形元件

步骤 3：选择第 80 帧，按 F6 键插入"关键帧"，如图 5-36 所示。

图 5-36 "时间轴"面板

步骤 4：选择第 1 帧并右击，在弹出的快捷菜单中选择"创建传统补间"选项，时间轴如图 5-37 所示。

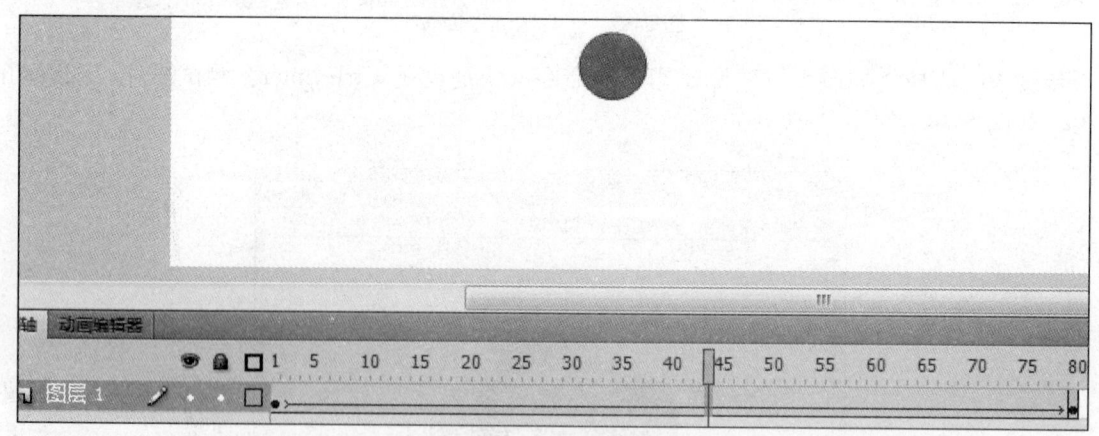

图 5-37 创建传统补间

步骤 4：右击图层 1，在弹出的快捷菜单中选择"添加传统运动引导层"选项，如图 5-38 所示，系统将自动在图层 1 上面新建一个引导层，图层 1 变为被引导层，如图 5-39 所示。

步骤 5：选择引导层的第 1 帧，绘制一个椭圆曲线，使用橡皮擦工具擦除一个缺口，如图 5-40 所示。

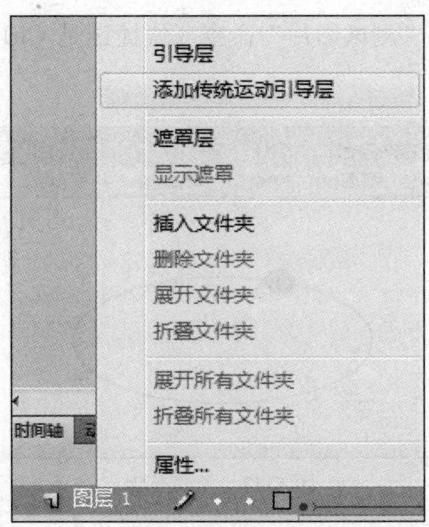

图 5-38　新建引导层

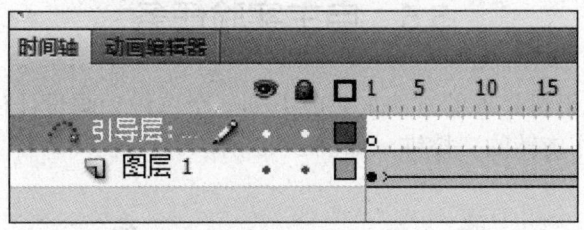

图 5-39　"时间轴"面板

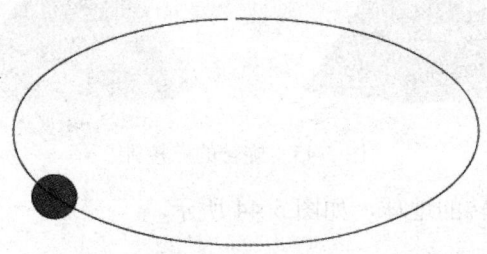

图 5-40　椭圆曲线

步骤 6：依次选择第 1 帧和第 80 帧，将两个关键帧中小球的"中心点"分别拖放到椭圆曲线端口处的两端，如图 5-41 所示。

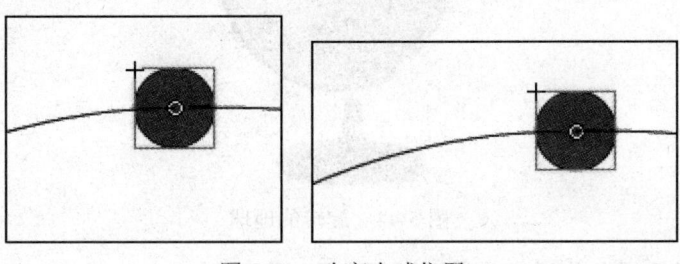

图 5-41　改变小球位置

步骤 7：选择"控制"→"测试影片"命令（快捷键是 Ctrl+Enter）测试影片，观察动画效果，如图 5-42 所示。

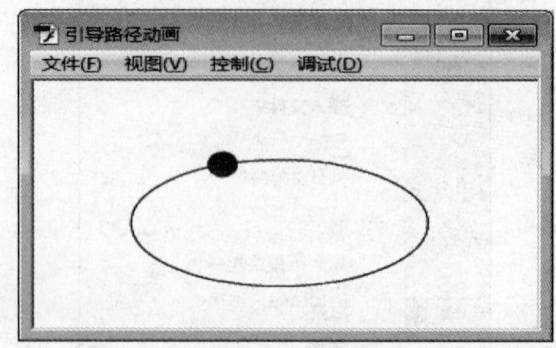

图 5-42　测试影片

步骤 8：选择"文件"→"导出"→"导出影片"命令，保存为"遮罩动画.swf"。

5.5　自主实验任务

通过学习上述动画素材处理的方法来完成下列三个二维动画设计任务：

（1）形变动画制作旋转的三棱锥，如图 5-43 所示。

图 5-43　旋转的三棱锥

（2）遮罩动画制作旋转的地球，如图 5-44 所示。

图 5-44　旋转的地球

（3）引导路径动画制作激光文字，如图 5-45 所示。

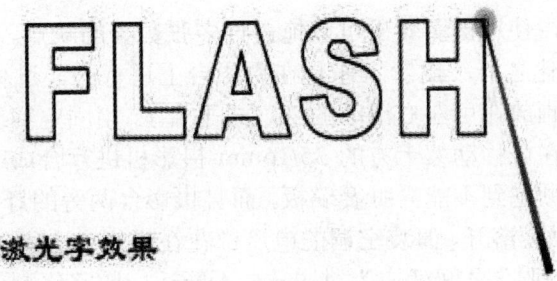

图 5-45 激光文字

5.6 实验知识拓展——动画制作[①]

1. 技术简介

动画制作分为二维动画制作、三维动画制作和定格动画制作，像网页上流行的 Flash 动画不属于纯二维动画，二维动画和三维动画是当今世界上运用得比较广泛的动画形式。动画制作应用的范围不仅仅是动画片制作，还包括影视后期、广告等方面。我们通常理解的动画纯粹是动画片的范畴，请大家不要混淆概念。

三维动画是以电脑上大量进行后期加工制作的动画表现方式之一。比如《魔比斯环》就是纯三维动画制作，是 400 位动画师的一个大制作。但前期的工作仍旧和传统的二维动画一样，需要进行一些预备工作。国内网站上很多错误和比较片面的概念误导了大家对动画的理解。

二维动画虽然已经不是当今社会上的主流，但其中的动画制作流程仍然运用在三维动画的制作技术上。可以说没有二维动画就没有三维动画。没有二维动画基础的三维动画师不是一个合格的动画师。

当今世界上三维动画最成熟的当属美国，而日本依旧是把二维动画作为主流。欧洲等一些国家会运用更多的动画表现形式，包括定格等。而中国当今的动画比较混乱，为了尽快地追求经济效益而抛弃了传统中国动画的风格，部分模仿欧美，部门模仿日本。如大家熟悉的 Flash 动画，它只是一个工具而已，并不能说它是二维动画还是三维动画。

2. 着色/上色人员

动画界另一个贫寒的阶层是上色人员。动画师及上色人员是动画制作中不可缺少的人员，但不可否认他们的地位都很低，工作非常枯燥辛苦，做好了舞台灯光也照不到自己。工作内容简单地说只要按色彩设计师指定的色彩在原画师指定的部位一直涂下去即可（当然实际的上色技巧并没有这么容易）。上色人员是将所有画好的镜头剪接在一起之前的最后一个步骤。如果之前的过程有所拖延，上色人员的涂色时间就相对减少。但日本动画业里不按时间交稿是家常便饭，因此上色人员就必须经常要在短短的时间内涂好颜色赶上剪接。

3. 摄影及摄影效果

所谓摄影，简单地说就是动画稿和背景合成作业。摄影效果是指负责摄影的作业人员按照导演计时表上的指示位置使用摄影机或滤镜拍摄特殊效果。摄影效果对日本动画相当重要，

[①] 动画制作．http://baike.haosou.com/doc/462511-489739.html．

因为日本动画的张数少，使用摄影效果可以掩盖许多张数少的缺点。

动画业还没有数字化之前，摄影工作是在摄影台上进行的，过程为：将背景固定，按照计时表将指定的赛璐板画放在可左右滑动的三连式平台上。用固定赛璐板画用的不反光玻璃压平赛璐板动画稿后由装在可移动架上方的 35/16mm 摄影机进行合成或摄影效果。摄影台辛苦的地方是摄影之外还要顾虑到不能弄脏赛璐板，而且摄影台两旁的灯光很强，两手好像天天在做日光浴。太热赛璐板画会溶开，但装空调的电压都花在摄影台上，只好开电风扇来降低温度。使用摄影台的时代"一眨眼"之间就成为过去式，不能适应数字化制作的传统摄影台操作人员只有离开动画制作业。现在很少有动画制作公司拥有摄影台，就算有也是放着不用。

动画制作数字化后，所有的"摄影"组或公司都使用计算机软件来"合成"背景及动画稿。最近渐渐使用"合成"和 Camera Work 来分别代替传统的说法。但是在制作现场还是经常使用"摄影"两个字，尽管现场没有一架摄影机。计算机合成软件有很多种，如 Adobe AfterEffect、Discreet Inferno 等。读者可以在每一种软件的网页中查找到软件的功能和画面图例，在此不再详述。使用计算机软件合成之后虽然省时省力，但摄影组有如地狱般地赶稿情形还是不变。动画稿完成得慢，就会压缩上色人员的作业时间，当然摄影及剪接时间也变得更短。制作 TV 系列的时候现场气氛可以感受到一种杀气。

接下来说一说摄影效果。动画里可见到夕阳照在湖面上的点点粼光、天空的星光、回忆镜头的淡出淡入、炸弹爆炸时的震动等都是在这个过程里完成的。数字摄影下只要使用滤镜就可以实现许多效果。目前的摄影用词和摄影台时代没有不同，只是少了真正的摄影机而已。

4. 剪辑-Edit

在动画制作公司里加上特效后或完成上色的影像材料通常会制作成一卷业务用录像带来交给影视制作公司使用剪接机来制作成一卷按分镜图制作最后放映在电视或戏院之前的原版影片。所有的剪辑材料事先由制作管理人员或其他方法交给影视制作公司，制作管理人员另外与导演、副导演和影视制作公司约好剪接的时间后进行剪接的工作。

理想的剪接情况为所有需要上色及加上特殊效果的镜头都已完工，使得导演、副导演及剪接人员可以按照分镜图进行剪接作业。可是大部分的上色及特效制作经常无法在剪接作业进行之前完成，所以动画公司经常以无上色前的黑白线画稿交给剪接公司，上色完成后再请影视制作公司替换线画稿。

再回到剪接工作。在剪接室里，副导演（画分镜图的人）看着分镜图给予剪接人员指示。如"这里镜头时间剪短一点"、"这个镜头拉长一些"、"这个镜头好像摆在这里不太合适，放到前面试试看"。反复地观看和更换调整镜头的剪接作品原版工作往往要花上几个钟头的时间。基本上剪接步骤不管要花多少时间都要一次定稿，原因是如果影片原版不断地拉长修正，那么录音或配音也要重录很多次，这不仅花费时间也浪费金钱。剪接工作的重要性在于，不管如何精密地画好分镜图，一部动画在没有剪接之前还是看不出来整部作品哪里不对。而且，就算导演、副导演、动画指导在剪接之前再三检查了分镜原稿，仍然会有疏失。例如虽然从分镜图中看 A 镜头后连 B 镜头很有魄力，但是剪接出来后可能效果不如 B 镜头放在 A 镜头前好；或者剪接出来的影片超出规定时间长度时，必须在剪接阶段决定将哪个镜头留下或割舍。因此剪接在"最后检验"对一部动画作品在电视或剧场放映前的步骤来说是很重要的。

5. 特效及特效人员

特效有 3 种处理方法：背景特效、使用计算机软件在上完基本色后的镜头里加上特殊效果、在摄影部分的摄影效果。

　　第一种背景特效指在背景上直接画上烟、雾、火焰等自然现象，表现的方式都是事前在分镜图里指定好交给美术设计公司进行绘制作业。第二种和第三种有两个步骤：第一步是原画师们在主镜里画需要特效的部分；第二步是上色之后在原画师们指定的部位使用计算机软件加上特效或在之后的摄影阶段中使用摄影技巧完成。

　　下面用烟雾来解释第二种特效。导演在一个镜头中需要烟雾上升的效果时，会先和执行构图作业的动画指导开会讨论需要的烟雾画法，如什么样的烟雾及扩散范围的大小等。动画指导吩咐原画师画好之后的主镜构图，经由导演和各集的副导演检查后进入烟雾的分镜动画作业。

　　在上色人员部分说明过动画由于上色的关系所有的线条都是连接好的而且层次很明显，因此涂好后的烟雾相当平面。但是烟雾感觉无法以单纯的平面颜色表现，因此需要使用笔刷效果多加一层来达到朦胧的烟雾阴影感，这就是第二种特效。

　　左右图重叠在一起加上背景特效后就是按原画师画的构图所完成的镜头。

　　第二种特效在动画界还没有用计算机作业前都使用喷画来显现模糊或朦胧的效果。现在的特效都用计算机软件完成。用计算机软件的原因很简单，省时省力又省钱。这并不是说人工喷画得不够逼真（如果经费够充裕的话，人工绘制当然最好），而是请专人描绘出特效时，如果要画一百张，就要花一百张的人员及颜料费用。用计算机软件的话只要经过滤镜图片处理就可以完成所需的效果。

　　通常在上色组里分为普通上色人员和特殊效果人员。上完色后如有特殊效果就交给特效人员继续完成。上色组并没有明确的专门处理特殊效果的人员，大部分是看谁比较能画就交给谁处理。

　　6. 常用软件

　　2D 动漫软件包括 Flash、Animo、Retas Pro、Usanimation，3D 动漫软件包括 3ds max、MAYA、LightWave，网页动漫软件包括 Flash。

第 6 章　信息化教学教案设计

6.1　实验目的

（1）理解信息化教学教案设计的基本理论、方法与模式，并能根据主题选择恰当的信息化教学教案设计方案。

（2）通过师生之间、小组互动交流修改与完善教学设计，培养学生利用信息技术进行教学设计的能力。

（3）学会流程图的绘制。

（4）能够利用已有的技术手段编制信息化教案。

6.2　实验任务与要求

（1）实验 1　Edraw Max 软件的学习。

要求：掌握 Edraw Max 的相关知识和技能，熟悉各种工具的使用。

（2）实验 2　Edraw Max 绘制流程图。

要求：绘制出 if…else 流程图。

（3）实验 3　Edraw Max 绘制思维导图。

要求：绘制"我"的思维导图。

（4）实验 3　以教为主的课堂教学设计一般模式。

要求：利用 Word 软件，选定本专业某门课程某一小节的内容进行授导型教学设计。

（5）实验 4　以学为主的课堂教学设计一般模式。

要求：自学教学内容，进行课堂教学设计。

6.3　实验知识要点

6.3.1　课堂教学设计及信息化教学教案编制

1. 课堂教学设计概述

课堂教学设计是教学设计在课堂教学中的综合应用，属于课堂级。课堂是完成教育教学的主要场所，也是教师进行日常工作的最主要的部分。因此，利用教学设计的基本原理指导教师进行科学的课堂教学设计具有举足轻重的作用。

2. 课堂教学设计的教案编制

课堂教案是课程实施的计划蓝图，编写蓝图的过程就是对前面各项设计工作的总结过程，也是将各项分析工作具体落实的过程。因此，我们在编写教案的阶段要充分考虑前面各项分析和研究的项目，汇集各种研究内容，将其综合化、系统化、具体化。

（1）教案的构成要素。

一般而言，一个科学的、标准的教案应该包含以下几个必不可少的要素：

- 教学目标或学习目标。
- 教学内容：根据前述学习内容分析的结果选定适当的教学内容，需要考虑是否有利于完成教学目标、是否能够提高学生的积极性、是否符合学生的实际情况等问题。
- 教师的教学活动：教师在授课中的行为，如板书、讲解、演示、提问、强化等活动，要在教案上写明。
- 学生的行为：在编制教案时，要预想学生的学习活动，要正确把握学生的实际情况。
- 教学媒体：在教案中应写明将要使用的教学媒体，认真考虑媒体使用的恰当性。
- 时间分配：要注明每个教学活动的时间长度，将教学形式结构化。这样有利于控制教学过程的每一个环节，并使教案更具有实效性和针对性。

（2）教案的基本形式。

教案有多种形式，一般性的教案形式大体有两种：表格式和记叙式。

1）表格式。

表格式教案简要明了、重点突出、使用方便，具体制作如表 6-1 所示。

表 6-1 表格式教案

×××学科教案

年 月 日　　学校：　　　　　年级　班
教师：　　　　教学对象：　　　单元名称：
教学目标：
教学内容及过程：

时间	教学内容	教师行为	学生行为	教学媒体

2）记叙式。

记叙式教案教学信息容量较大、表述细致、编制简单，它的基本形式及主要内容如表 6-2 所示。

表 6-2 记叙式教案

```
×××学科教案
    年  月  日      学校：           年级    班
教师：
1. 单元名称
2. 教学目标
3. 学生情况分析
4. 教学内容分析
5. 教学过程的具体安排
```

6.3.2 教学流程图设计工具软件介绍

教学流程图设计工具是一个用于进行教学设计、绘制教学流程图的辅助工具软件，它提供了教学设计过程中使用的各种符号、连接线等，便于教师进行教学设计。

课堂教学结构是指课堂教学系统中教师、学生、教学内容、教学媒体等要素之间的相互关系与联系的形式。课堂教学结构包括两方面的含义，即各要素的时间关系和空间关系。课堂教学结构中各要素的时间关系主要是指教师与学生进行教学活动的先后顺序，即我们平时所说的教学程序、教学步骤、教学过程等；课堂教学结构中各要素的空间关系主要是指教学内容的层次关系、课堂教学的逻辑关系等。因此，课堂教学结构的具体设计内容可用图 6-1 来表示。

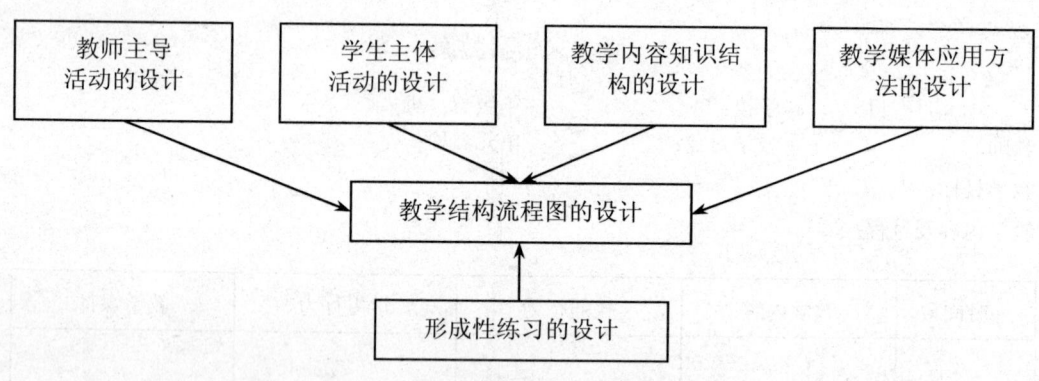

图 6-1 课堂教学结构流程的设计内容

为使课堂教学中教师、学生、教学内容及教学媒体等有机结合，形成最佳的课堂教学结构，可借助一些如表 6-3 所示的图形符号设计课堂教学结构流程图并作为实施课堂教学活动的蓝图。

表 6-3　图形符号

符号	表示的意义
▭	教学内容与教师的活动
▢	媒体的应用
▱	学生的活动
▱	学生利用媒体操作和学习
◇	教师进行逻辑判断

6.4　实验过程与步骤

6.4.1　实验 1　Edraw Max 软件的学习

打开 Edraw Max 软件，出现如图 6-2 所示的界面。

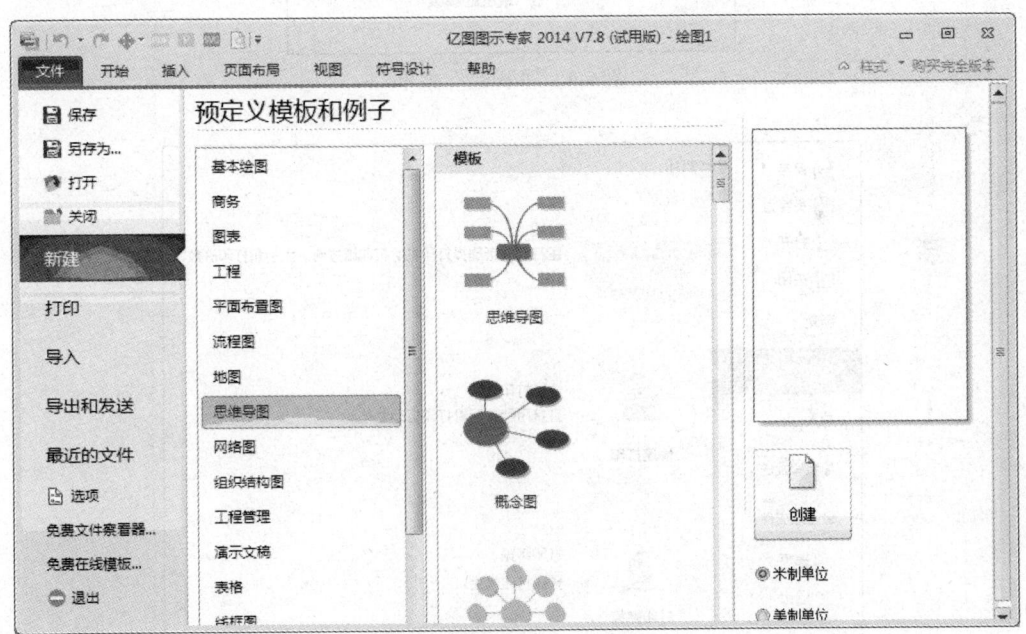

图 6-2　Edraw Max 新建界面

Edraw Max 的一些常用菜单如图 6-3 所示。

图 6-3　Edraw Max 的常用菜单

(1)"文件"菜单的主要功能如图 6-4 和图 6-5 所示。

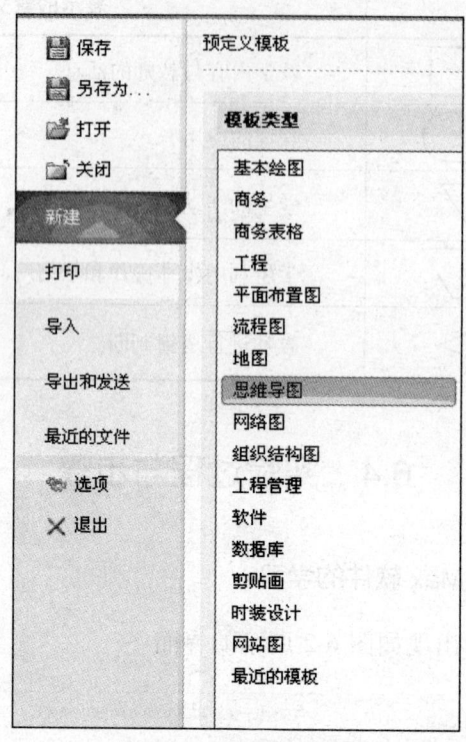

图 6-4　"新建"菜单

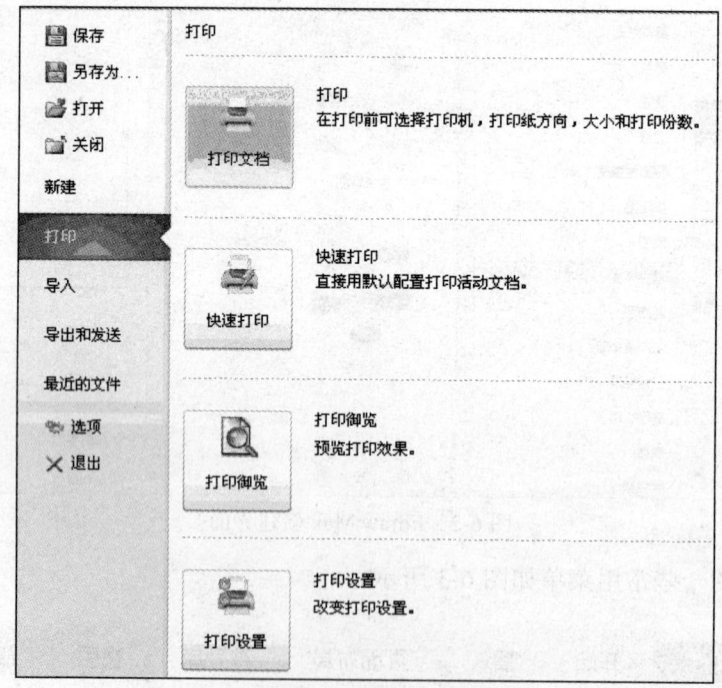

图 6-5　"打印"菜单

(2) "开始"菜单的主要功能如图 6-6 所示。

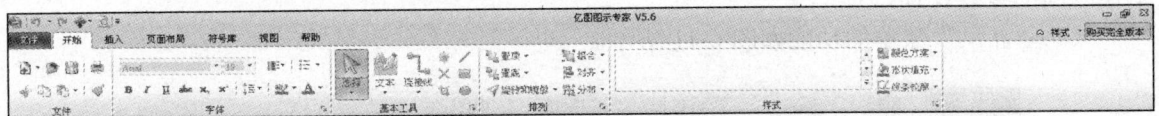

图 6-6 "开始"菜单面板

(3) "插入"菜单的功能如图 6-7 所示。

图 6-7 "插入"菜单面板

(4) "页面布局"菜单的功能如图 6-8 所示。

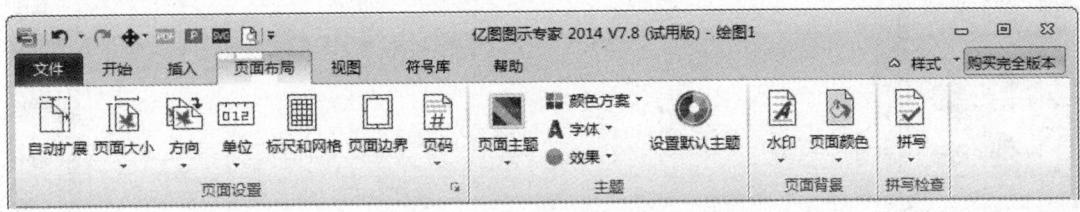

图 6-8 "页面布局"菜单面板

这里主要是对工作文档视觉效果上的设定,每个人可以根据自己的工作爱好设置。

(5) "符号库"菜单的功能如图 6-9 所示。

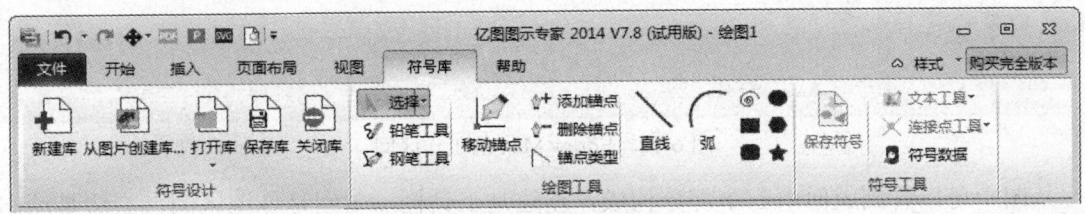

图 6-9 "符号库"菜单面板

"符号库"菜单是一个很重要的菜单,在画流程图的时候用得最多的还是符号库里面的符号,所以必须很熟悉这些常见符号的使用。

(6) "视图"菜单的功能如图 6-10 所示。

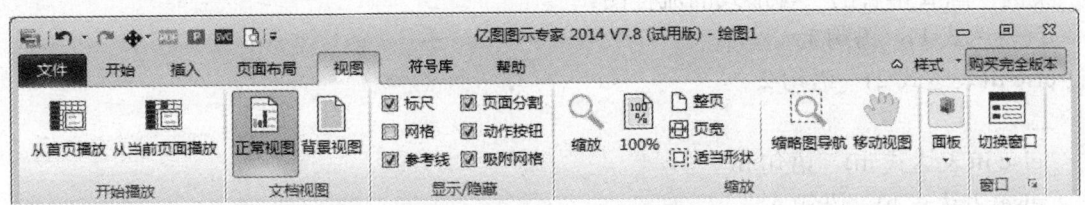

图 6-10 "视图"菜单面板

"视图"菜单的主要作用是设置工作区间中显示的工具栏,以便于我们操作,还有一些工作区间的参数设置。

(7)"帮助"菜单的功能如图 6-11 所示。

图 6-11 "帮助"菜单面板

在这里主要是获取一些网络支持,取得相关的帮助。

Edraw Max 工作区间的简要介绍如图 6-12 所示。

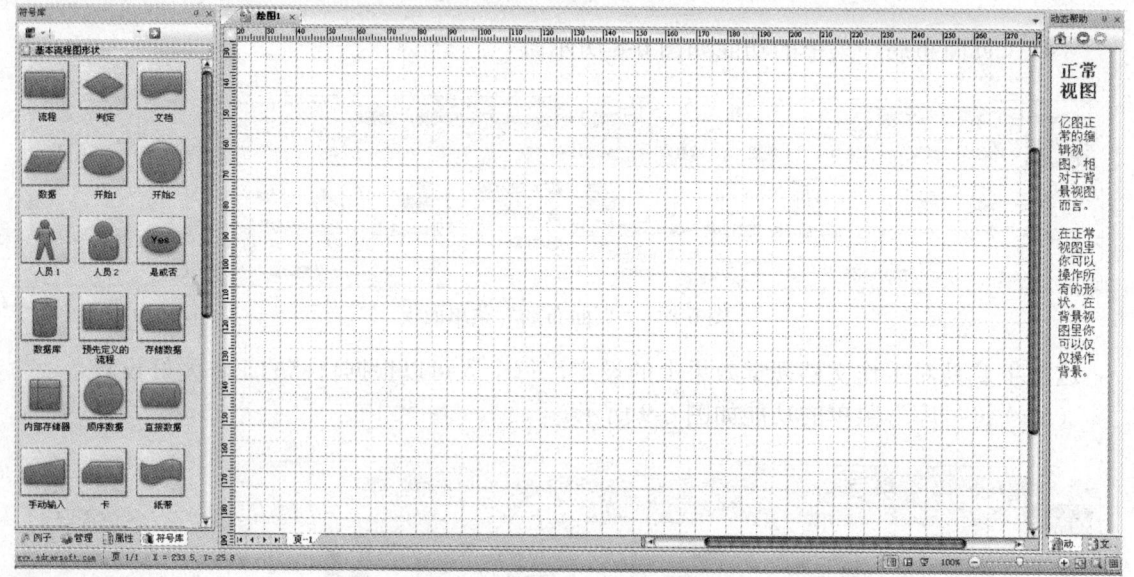

图 6-12 Edraw Max 的工作区间

从图中可以看到版面由三个部分构成,左边是工具栏,中间是作图区间,右边是动态帮助栏。而比较重要的当然还是左侧的工具栏,在这里我们可以选择适合的图形框插入到中间作图区间。

6.4.2 实验 2 流程图绘制

案例:画 if 语言的一种形式的流程图。
if(表达式 1) 语句 1
else if(表达式 2) 语句 2
……
　else if(表达式 m) 语句 m
　else(表达式 n) 语句 n

步骤 1：新建空白文档，具体情况如图 6-13 所示。

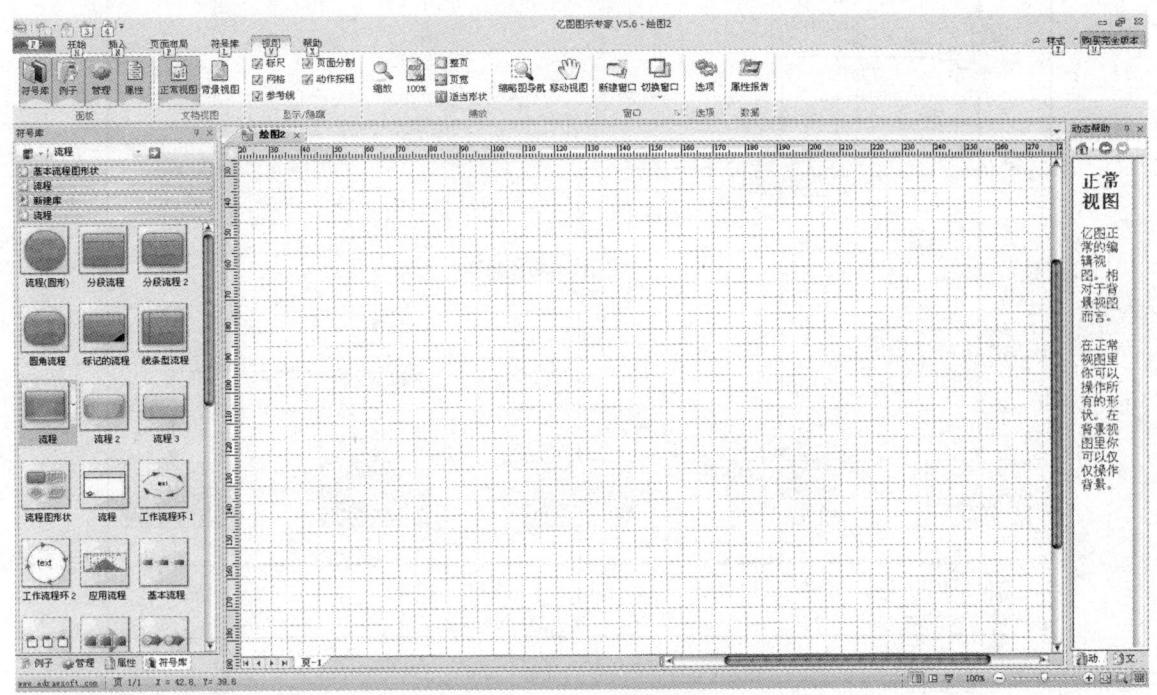

图 6-13　新建空白文档

步骤 2：找好要用的符号并拖动至画图区间排列好位置，如图 6-14 所示。

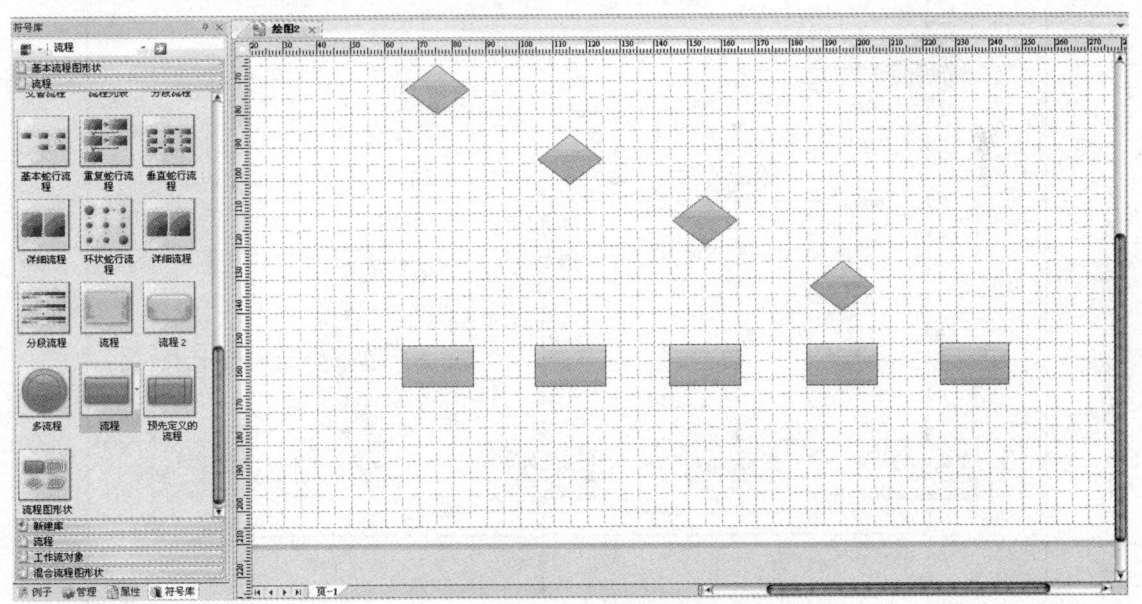

图 6-14　拖拽符号到画图区间

步骤 3：连线，具体如图 6-15 所示。

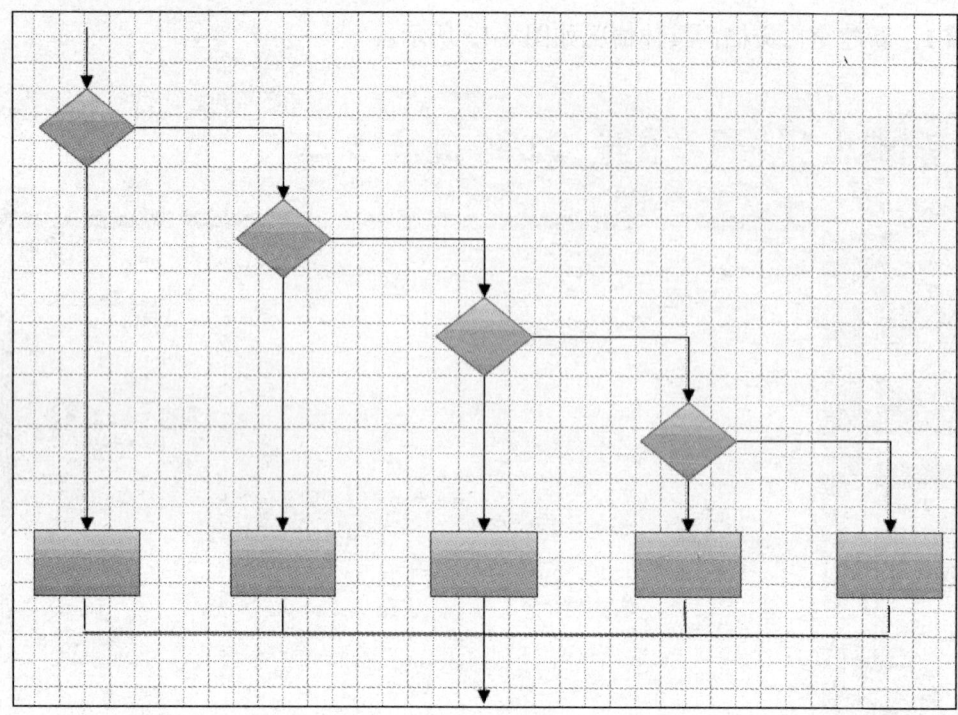

图 6-15 连线

步骤 4：添加文字描述，如图 6-16 所示。

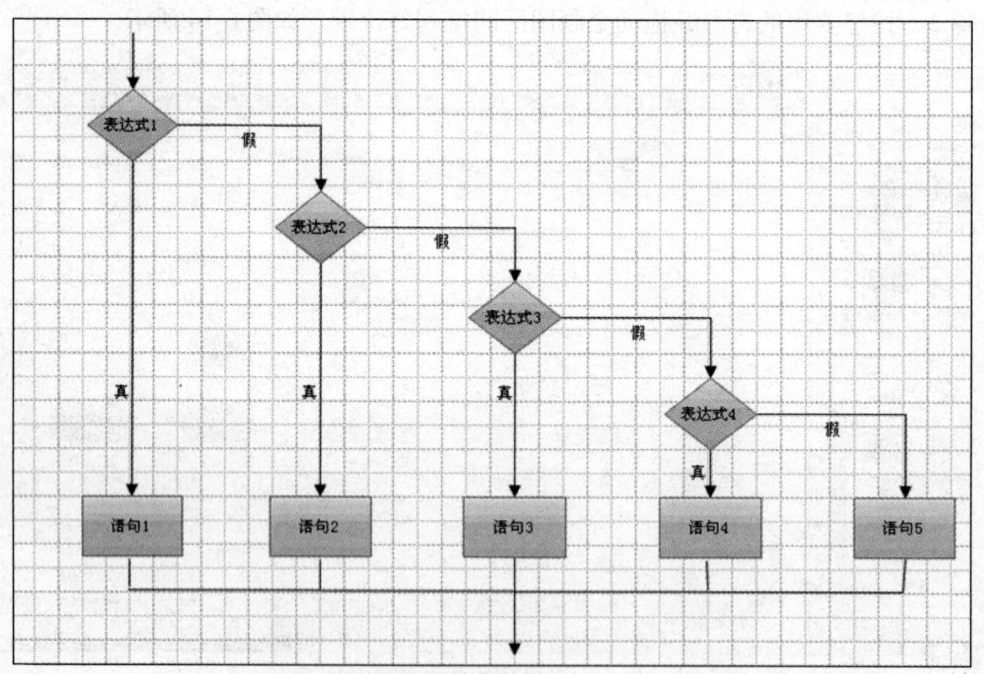

图 6-16 添加文字

步骤 5：导出成 JPG 图片，完成整个作品。

备注：参考资料来源于 http://www.docin.com/p-466010375.html。

6.4.3 实验 3 Edraw Max 绘制思维导图

步骤 1：打开 Edraw Max，在类型中选择"思维导图"。

步骤 2：总结自己的特点，画出关于"我"的思维导图。参照如图 6-17 和图 6-18 所示的模板，任选其一进行绘制。

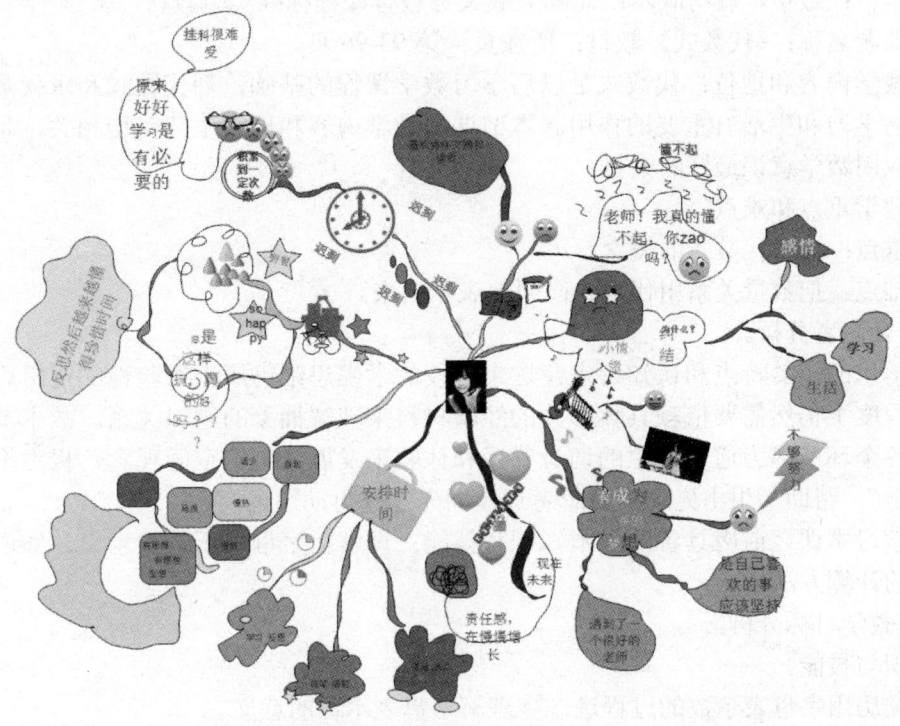

图 6-17 思维导图实例 1

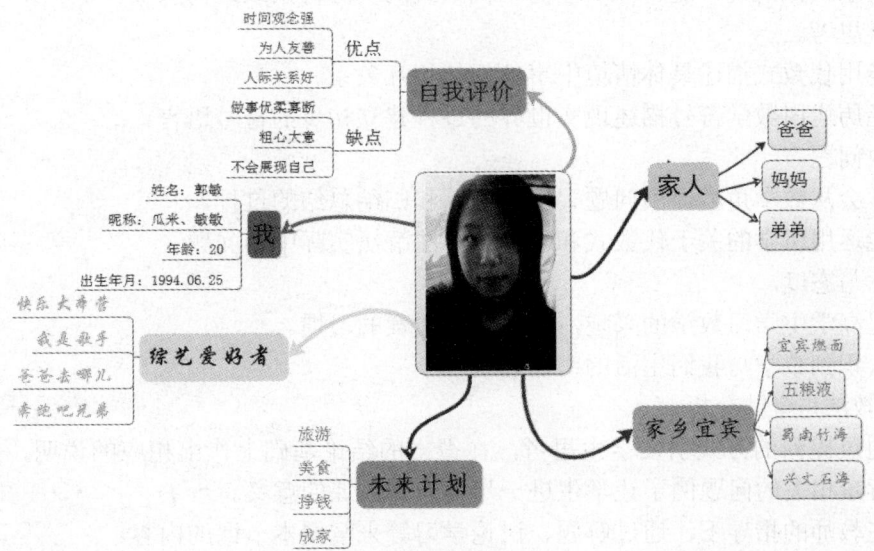

图 6-18 思维导图实例 2

6.4.4 实验 4 以教为主的课堂教学设计一般模式

打开 Word 软件,学生自己输入以下教案内容,通过查询百度了解什么是教学目标、教学重难点、常见教学模式等。具体设计如下:

(1) 教材分析。
- 学科:数学,教材版本:北师大版义务教育课程标准实验教材,数学七年级上册;课题名称:《代数式》教材;所在页:第 93-96 页。
- 教学内容和地位:代数式是以后学习数学课程的基础,列代数式和求代数值对我们的学习和生活有重要的作用。本节课的教学内容和现实生活密切相关,是培养学生应用数学意识最好的素材。
- 教学重点和难点。
重点:理解代数式的概念。
难点:把数量关系用代数式简明地表示出来。

(2) 学习者分析。
- 学生的年龄特点和认知特点:这个阶段的学生思维仍属于经验性的逻辑思维,很大程度上仍然需要依赖具体形象的经验材料来理解抽象的逻辑关系,故本节课老师在各个环节尽力通过学生的切身感受和体验来发展他们的空间观念,极力推行"做中学",帮助学生由先动手后思考逐步向先想象再动手过渡。
- 学习本课之前应具备的基本知识和技能:理解用字母表示数的意义,知道图形面积的计算方法。

(3) 教学目标分析。
①知识与技能。
- 经历用字母表示数的过程进一步理解字母表示数的意义。
- 经历用一个代数式说明数量关系的过程,能够列出代数式。
- 联系具体情境,能解释一些简单代数式的实际背景或几何意义。

②数学思考。
- 能用代数式描述具体情境中事件间的相互关系。
- 经历运用数学符号描述现实世界的过程建立初步的符号语言。

③解决问题。
- 学会从数学角度提出问题、理解问题和归纳总结的过程。
- 能运用所学的关于代数式和求值的方法解决实际中的问题。

④情感与态度。
- 提高学生学习数学的兴趣,发展学生质疑的习惯。
- 认识到数学与我们生活的密切联系。

(4) 教法与学法分析。

教师通过提问的方式引发学生思考,在得出的结论基础上作出相应的说明,最后通过与实际生活背景相关的问题例子让学生进一步理解本节课的意义。

学生在教师的指导下,通过解题、讨论学习等来掌握本节课的内容。

(5) 教学媒体的选择:多媒体课件(幻灯片)。

（6）教学过程，如表 6-4 所示。

表 6-4　表格式教案示例

教师	学生	设计意图
（一）复习、引入 提问： 1．怎样用字母表示加法交换律？ 2．怎样用字母表示乘法交换律？ 3．怎样用字母表示加法结合律、乘法结合律和分配律？ 4．以上是用字母表示数的例子，还有什么数可以用字母表示呢？	a+b=b+a a×b=b×a (a+b)+c=a+(b+c)　(a×b)×c=a×(b×c) a×(b+c)=a×b+a×c 学生思考	提出问题，复习巩固以前所学的知识，引发学生思考，引出新课
（二）新课 Ⅰ　代数式的概念 问题：下面看几个用字母表示数的例子。 1．如果甲数为 x，乙数为 y，那么甲、乙两数的差是多少？ 2．如果长方形的长和宽分别为 a 和 b，那么它的周长和面积各是多少？	1 答：甲、乙两数的差是 x-y 2 答：长方形的周长是 2(a+b)，长方形的面积是 a·b	给出实例，让学生利用已经具备的知识来解决问题，为后面的定义做准备
引导质疑，自主探究： 分析上面的三个公式有哪些共同特征？	小组讨论，语言描述： ①这些式子中，都含有数字或表示数字的字母 ②它们都是用运算符号连接起来的	让学生通过观察讨论和归纳总结，用自己的语言描述出来
总结，得出概念： 用运算符号把数或表示数的字母连接而成的式子，就是代数式。单独的一个数或一个字母，也是代数式，如 5、a、m 等都是代数式	举出 5 个含有加、减、乘、除、乘方运算的代数式（每一个代数式至少含有两种运算）	学生经历从实例得出代数式概念的过程后，教师给出定义，但不要求学生严格掌握此定义
举例：指出下列代数式的意义： ①2a+5 ②2(a+5)	①2a+5 表示的是 a 的 2 倍与 5 的和 ②2(a+5)表示的是 a 与 5 的和的 2 倍	通过实例，让学生能说出一些比较简单的代数式的意义
Ⅱ　列代数式并求值 问题：用代数式表示： ①a 与 b 的差与 c 的平方的和 ②百位数字是 a，十位数字是 b，个位数字是 c 的三位数	先由学生给出答案： ①(a-b)+c*c ②100a+10b+c	让学生经历列代数式的过程
Ⅲ　问题情境： 例如，某公园的门票价格是：成人 10 元，学生 5 元，一个旅游团有成人 x 人，学生 y 人，那么该旅游团应付多少门票费？ 如果该旅游团有 37 个成人，15 个学生，那他们应该付多少门票费？	①该旅游团应付的门票费是 　(10x+5y)元 ②把 x=37，y=15 代入上式，得： 　10*37+5*15=445 因此，他们应付 445 元门票费	通过实际背景的问题，使学生进一步理解列代数式和求代数式值的意义

续表

教师	学生	设计意图
生活中的数学： 例如，在某地，人们发现某种蟋蟀叫的次数与温度之间有如下近似关系：用蟋蟀1分钟叫的次数除以7，然后再加上3，就近似地得到该地当时的温度 ①用代数式表示该地当时的温度 ②当蟋蟀1分钟叫的次数分别是80、100和120时，该地当时的温度约是多少	独立思考，讨论并给出结果	该例体现了数学模型的思想，使学生感受到数学与日常生活及其他学科的密切联系
Ⅳ 学生小结 1．你还可以列举出日常生活中存在代数式关系的例子吗？ 2．请用自己的语言归纳出本节课解决的主要问题和解决过程。 根据学生总结写出板书： Ⅴ 作业 书 P145 1.（2），（4） 2.（1），（5）	根据自己的学习情况作出总结	让学生感受提出问题→解决问题→验证问题→总结问题的过程

（7）教学反思。

用实例来说明代数式的概念，学生更容易理解。同时学生在学习实例的过程中学会观察和总结，加深了对代数式概念及意义的理解。列出生活中存在的数学实例，既引发了学生的学习兴趣，又让学生学会解决实际数学问题的方法。

教学存在的不足之处：没有充分考虑学生的差异，在执行时有部分学生的精力不够集中，学习效果欠佳。这需要改进，如可以适当进行分组、增加讨论的成分、给每个学生分配任务等，保证每个人都能积极地参与到学习中。

备注：资料来源于http://wenku.baidu.com/link?url=kJBpLL6Wpr2RaVELh0xPkC85KboPYEjyMdUU5_ihl04tu7vnGeI-ftc1aUE6rX-VuwVxLrVDYsYQQJuH9VqA8ThrfJJDXE4az_2078UTHk_。

6.4.5 实验5 以学为中心的教案设计

以学为中心的教学设计强调在整个教学过程中学生处于中心地位，教师仅仅是一个指导者和参与者。请认真观看下面以学为中心的教学设计案例，完成实验要求。

（1）教材分析。

学科：数学；教材版本：义务教育课程标准实验教科书《数学》（北师大版），七年级上册；课题名称：《探索规律》；教材所在页：第111-115页。

教材的地位和作用：《探索规律》作为本章的最后一节，是学生初步学习数学符号语言后在应用方面的升华。首先要使学生体会到代数式是刻画现实世界的有效数学模型；其次使学生经历探索事物间的数量关系并用字母和代数式表示的过程，建立初步的符号感，发展抽象思维。

(2) 学习者分析。
- 学生的年龄特点和认知特点：这个阶段的学生思维仍属于经验性的逻辑思维，很大程度上仍然需要依赖具体形象的经验材料来理解抽象的逻辑关系。本课程分别从直观形象和抽象符号上进行规律探索。
- 在学习本课之前应具备的基本知识和技能：已经掌握这一章前面 5 节的所有内容。
- 学习者对即将学习的内容已经具备的水平：知道数的概念和联体长方体的概念。

(3) 教学目标分析。
①主题：探索数量规律。
②知识与技能：
- 经历探索数量关系、运用符号表示规律、通过运算验证规律的过程。
- 能用合并同类项、去括号等法则验证所探索的规律。

③数学思考：会用代数式表示简单问题中的数量关系。
④解决问题：体会解决问题、研究课题、社会调查的过程。
⑤情感目标：培养学生面对挑战、勇于克服困难的意志，鼓励学生大胆尝试，从中获得成功的体验，激发学生的学习热情。

(4) 学习任务设计：建立模型的问题、应用解释问题、探索问题、拓展问题。
(5) 学习情境设计：在教学过程表格中表示出来。
(6) 自主学习策略设计：主动性策略、社会性策略、协作式策略、情景式策略。
(7) 教学过程，具体如表 6-5 所示。

表 6-5　教学过程示例

情景设置及学习任务	学生	设计意图
一、问题情景引入 一首永远唱不完的儿歌，你能用字母表示这首儿歌吗？ 1 只青蛙，1 张嘴，2 只眼睛，4 条腿，1 声扑通跳下水 2 只青蛙，2 张嘴，4 只眼睛，8 条腿，2 声扑通跳下水 3 只青蛙，3 张嘴，6 只眼睛，12 条腿，3 声扑通跳下水 …… N 只青蛙，N 张嘴，2N 只眼睛，4N 条腿，N 声扑通跳下水	师生齐读儿歌	以一首富有童趣的儿歌开始，使学生体会到现实生活的规律性以及用数学式子表示现实规律的可行性与应用性，渗透"利用环境学习"的设计思想
二、建立模型 联体长方形的摆法：（填空） 1. 如图 1，摆 N 个这样的联体图形需要____根火柴棒 2. 如图 2，摆 N 个这样的联体图形需要____根火柴棒 3. 如图 3，摆 N 个这样的联体图形需要____根火柴棒	学生自学或小组讨论，给出答案	从学生比较熟悉的联体长方形开始，鼓励学生自主探索、合作交流，经历观察、比较、归纳、提出猜想的过程
三、应用解释 1. 标准问题。 餐桌的摆法：（填表） 任务：有若干人，桌子张数　1 2 3 … N 讨论不同人数时桌子可坐的人数	学生可以通过自主探索、合作交流给出相应的答案	

情景设置及学习任务	学生	设计意图
2．变式问题。 在桌数相同时哪一种摆法容纳的人更多？	在已经求出上面任务的基础上，通过观察讨论得出正确的结果	
3．探索问题。 若你是一家餐厅的大堂经理，由你负责在一个宽敞明亮的大厅里组织一次规模盛大的西式冷餐会，你会选择哪种餐桌的摆法呢？	通过讨论，由上个问题可以得出结论得到完美的答案	新颖的问题激发学生的兴趣
4．辅助练习。 按规律填空，并用字母表示一般规律： ①2，4，6，8，____，12，14，…____ ②2，4，8，____，32，64，…____ ③1，3，7，____，31，…____ 注释：用 N 表示数的序号	由学生自行完成	为下面的知识拓展做好模型，给出充分的联想空间
五、小结（学习效果评价） 由学生从以下方面进行总结： 1．在探索规律中遇到挫折，你会怎么办？ 2．对自己本节课的学习情况进行评价（包括所学到的探索规律的一般方法、探索规律过程中哪些量是重要的、探索规律的一般过程等） 根据学生总结写出板书：	让学生通过这堂课的学习过程经历给出相应的总结	让学生感受问题→猜想→验证→总结→结论的科学过程。如果验证不合理则进行重新探索；如果验证合理则上升到总结并得出结论的过程
作业：A 组：课本作业（略）。 B 组：（开放性作业）有人说一张普通的报纸连续对折最多不会超过 8 次。利用今天在折纸问题中对折次数与单层面积以及所折层数的关系的探索对这一论点进行论证或反驳。		添加开放性作业，围绕折纸问题引导学生进行深入的学习和钻研，关注学生的个性和兴趣，使之得到不同的发展。通过问题解决、课题研究和辅助的社会调查加强对观察能力、类比能力、信息获取与加工能力等综合运用能力的培养

（8）学习效果评价：在教学过程中完成。

6.5 自主实验任务

通过学习上述知识完成下列任务：

（1）利用亿图专家绘制图 6-19 所示的教学流程图。
要求：
①利用百度文库找到该流程图的教案。
②写出完成该图利用了 Edraw Max 的哪些功能区和工具。
③总结出绘制教学流程图的主要步骤。

第 6 章 信息化教学教案设计

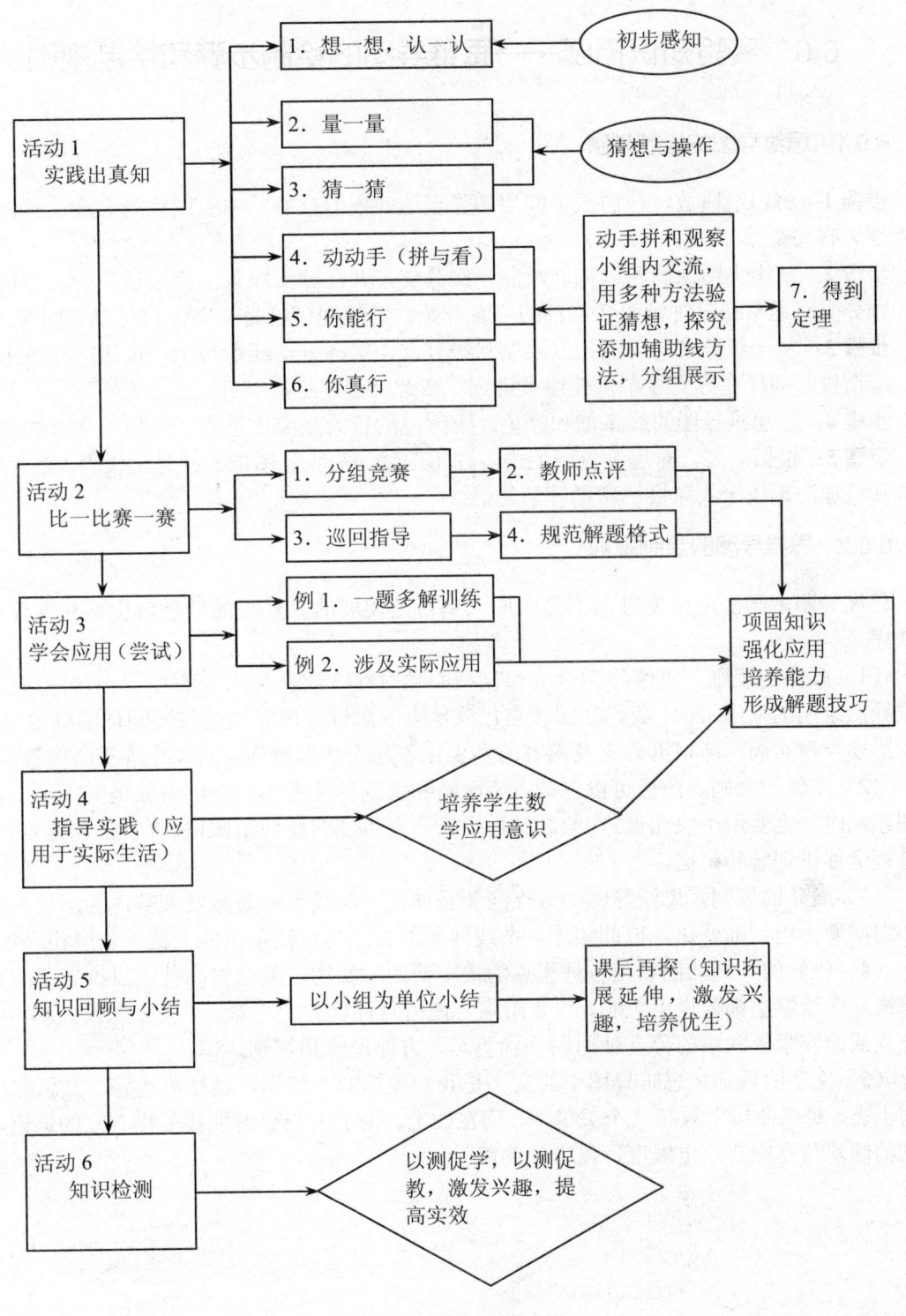

图 6-19 教学流程图示例

（2）每个学习者根据自己所学的专业选定一节内容进行教学设计，在 Word 中设计编制具体的教案，任选表 6-1 和表 6-2 进行填写。

6.6 实验知识拓展——思维导图的绘制步骤和绘制规则

6.6.1 思维导图的绘制步骤

步骤 1：将白纸横放，在白纸中间用图像表达问题的核心。中央图像越有趣，越能令大脑兴奋。

步骤 2：从中央图像向四周拓展绘制一级分支，并在分支线条上使用适当的关键词。画分支时通常从时钟钟面 2 点钟的位置开始。关键词可以是文字，也可以是图像。

步骤 3：从一级分支向周围拓展绘制二级分支，保证分支线条与上一层级的线条末端衔接，同样在分支线条上使用关键词。依此类推，逐层展开。

步骤 4：给思维导图的线条增加颜色。上颜色的目的是突出重点、呈现层次、加深记忆。

步骤 5：根据需要，对思维导图的内容使用连线、箭头、图像、符号、代码、边界等进行修饰和整理，形成个人风格，帮助理解记忆。

6.6.2 思维导图的绘制规则

思维导图规则是用来促进而不是阻碍大脑自由发展的。真正的精神自由是从混乱之中创造秩序。

（1）顺序的规则。思维导图分支绘制按照顺时针方向，起点一般在 2 点钟方向。这是思维导图绘制的基本常识，我们在阅读自己或他人的思维导图时也是按照同样的顺序。在绘制时，需要合理布局，即根据分支及内容的多少让各分支基本对称，避免出现重心偏移。

（2）图像的规则。图像可以自动吸引眼睛和大脑的注意力，能够有效地突出重点。思维导图绘制时一定要用中央图像，在绘制过程中只要有可能就要使用图像，可以触发更多的联想，通过视觉促进理解和记忆。

（3）线条的规则。思维导图的分支线条是曲线，曲线更容易激发大脑，各层级的曲线由中心向四周由粗到细变化，彼此相连。曲线线条的长度与在线条上的关键词长度相一致。

（4）色彩的规则。色彩是各种思想的最主要的刺激物，能够提高使用思维导图的兴趣，在思维导图绘制中都要使用色彩。主要图像要使用两种以上的色彩，更易于激发大脑。每个主干分支或内容紧密联系的分支使用同一种色彩，方便理解和辨别。

（5）文字的规则。思维导图中的文字是我们提炼的关键词，越精炼越好，最忌把一句话都写上去。每条曲线上只写一个关键词，词在线上。由于大脑更习惯接受横着写的词语，故关键词的倾斜角度应有一定限度，以方便阅读。

第 7 章　微视频设计与制作

7.1　实验目的

（1）理解微视频的内涵。
（2）学会微视频录制的方法。
（3）学会微视频编辑的方法。

7.2　实验任务与要求

（1）实验 1　教学微视频的录制。
要求：学习 Camtasia Studio 8 录制屏幕、录制 PPT 等教学微视频。学会 Camtasia Studio 8 的项目建立、保存和媒体的导入等功能。
任务：利用 Camtasia Studio 8 录制启动 Word 2010 软件的操作录像。
（2）实验 2　教学微视频的编辑
要求：学习 Camtasia Studio 8 对视频进行剪辑、添加标题、转场效果等。
任务：
①新建一个名为"Word 2010 启动"的项目并保存到 D 盘下。
②对实验 1 中的视频进行裁剪与编辑。
（3）实验 3　教学微视频的字幕制作。
要求：使用标题剪辑添加带有图形和/或文字的静态剪辑片段，实现：
- 添加到时间轴上的某个剪辑前，作为标题或引言。
- 添加在时间轴上的两个剪辑之间，作为章节标题。
- 添加在视频末尾，以提供致谢名单或其他信息。

任务：添加标题，题目内容为"Word 2010 启动"，红色背景，字体为宋体，48 磅，颜色为黄色。
（4）实验 4　教学微视频的输出。
要求：利用 Camtasia Studio 8 可以通过多种方式发布多种不同的视频格式，以满足教学中不同媒体的使用。
任务：将上述实验中编辑好的视频输出为 MP4 的视频，文件名为 Word2010 操作.MP4。
（5）实验 5　教学微视频添加测验。
要求：在微视频教学中，常常需要进行互动，也经常用到测验，学会在视频中添加测验。
任务：在上述视频中添加测验。

7.3 实验知识要点

主要知识点有微视频的基本录制、利用 Camtasia Studio 8 制作教学微视频的字幕、对微视频进行编辑、添加测验和准备转场效果，最后生成视频。

7.4 实验过程与步骤

7.4.1 实验 1 教学微视频的录制

在一些课程如很多计算机课程的教学中，涉及到操作过程示范问题，如果能将操作过程以视频的形式记录下来，学生课后可随时播放观看进行学习，显然可以使教学效果大为提高。

录制鼠标的动态操作过程，可采用 Camtasia Recorder、Snagit、屏幕录像专家、豪杰屏幕录像专家、Screen Recorder Gold 等软件。在这里，主要介绍用比较熟悉的 Camtasia Recorder 软件录制鼠标的动态操作过程。

步骤 1：单击"开始"→"所有程序"→Camtasia Studio 8，这里面会有两个图标："视频录制"图标和"视频编辑"图标。Camtasia Recorder 8 是视频录制，Camtasia Studio 8 是视频编辑，选择 Camtasia Recorder 8，界面如图 7-1 所示。

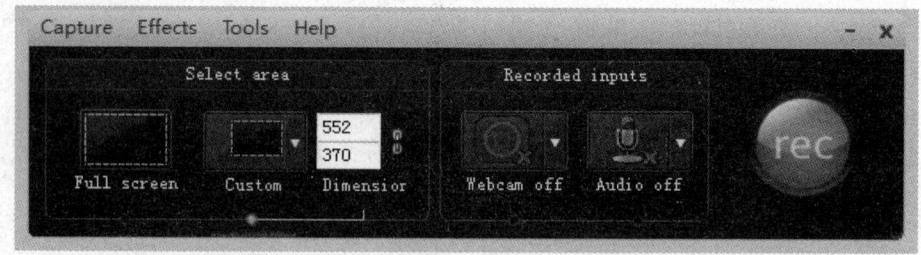

图 7-1 Camtasia Recorder 界面

步骤 2：Select area（选择选择区域）。

- Full screen（全屏模式）：选择这个是录制整个屏幕。启用这个模式会看到整个屏幕边缘都有绿色的虚线，这就是录制视频的范围。
- Custom（常规）：这个是可以自由选择区域：选择之后会出现一个范围框，可以用左键按住中间的按钮自由拖动来设置范围大小，宽度和高度在右侧会有显示数字，比如图中显示 552 宽和 370 高。Custom（常规）右侧三角号可以看到有几个常用的尺寸：
  - Widescreen（16:9）（宽屏）：1280×720、854×480。
  - Standard（4:3）（标准）：1024×768、640×480。
  - Recent areas（最近使用尺寸）：852×480、1920×1080。
  - Lock to application：锁定应用，这个选项比较不错，勾选后视频录制范围就自动取消任务栏范围。比如我的电脑视频为 1920×1080，单击全屏后录制的就是这个尺寸，如果勾选 Lock to application 这个选项后，录制的尺寸就是 1920×1040，如图 7-2 所示。

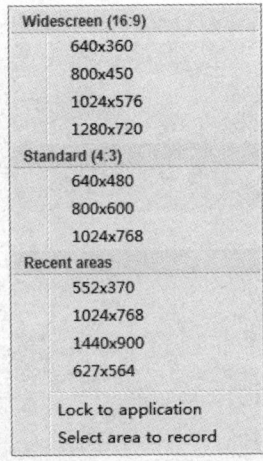

图 7-2　尺寸

步骤 3：Recorded inputs（记录输入设备）。
- Webcam：摄像头，电脑安装摄像头就会显示 Webcam on，如果没有安装则显示 Webcam off。
- Audio：音频，电脑安装摄像头就会显示 Audio on，如果没有安装则显示 Audio off。

步骤 4：rec（录制）。

如果单击这个按钮就会在 3 秒钟之后开始录制，并且提示按 F10 键即停止录制，如图 7-3 所示。

图 7-3　rec 录制

步骤 5：按 F10 键停止后会自动出现 Preview 视频预览窗口。

7.4.2　实验 2　教学微视频的编辑

任务 1：启动 Camtasia Studio 8 软件并保存项目。

步骤 1：启动 Camtasia Studio 8 软件。

步骤 2：选择"文件"→"新建项目"命令，导入上述视频和其他相关媒体素材，如图 7-4 所示。

步骤 3：选择"文件"→"保存项目"命令，项目名称为"Word 2010 启动"。

任务 2：使用时间轴对视频和图像剪辑进行基本编辑。删除录制中的错误、根据音频缩短或延长剪辑等。原始文件或剪辑库中的剪辑不受时间轴中的编辑的影响。

步骤 1：启动 Camtasia Studio 8 软件。

步骤 2：将相关音频和视频复制到软件中，将已录制的视频文件和音频文件拖动至"剪辑箱"中。

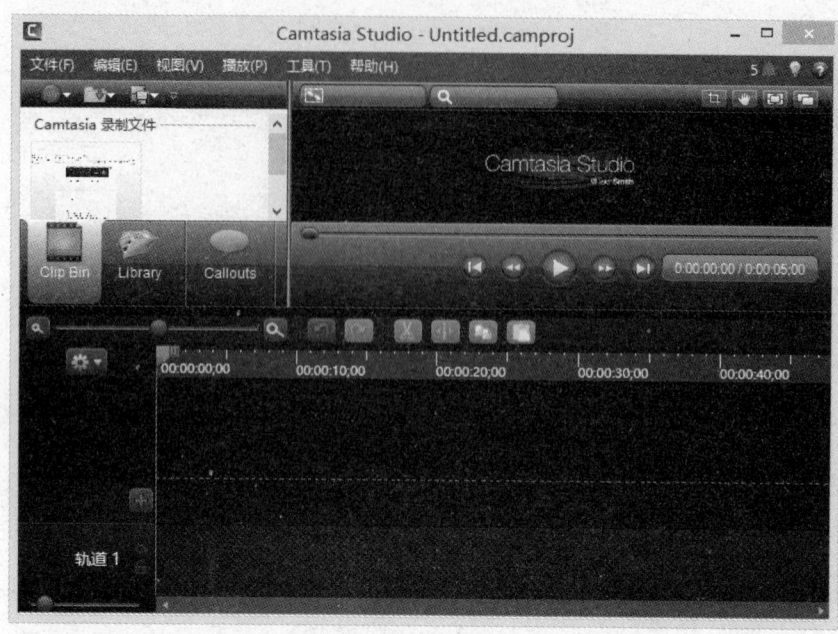

图 7-4 主界面

步骤 3：将视频拖入时间轴，选择视频文件，按住鼠标左键不放将视频拖动至下面的时间轴中，会弹出"方案设置"对话框，在"预设"下拉列表框中选择"录制尺寸"选项，然后单击"确定"按钮。

步骤 4：将视频拖入到时间轴，在时间轴上右击并选择"独立音视频"命令，可以将音频和视频分离在不同的轨道上，方便独立编辑。

步骤 5：当该段视频操作有误或者在某处停顿时间过长时执行此操作。将播放控制条定位在某处，拖动控制条，选择需要剪除的视频段，再单击"剪切"按钮，如图 7-5 所示。

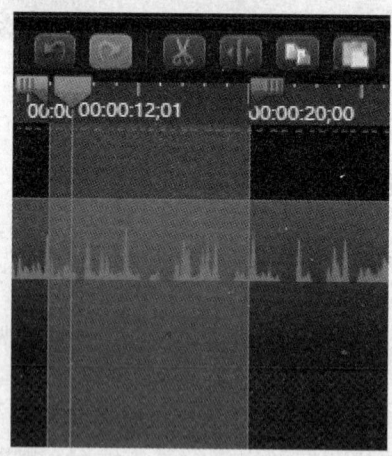

图 7-5 视频剪辑

剪切音频的操作同剪切视频一样。

步骤 6：可将控制条定位至某句话的结束和下一句的开始处，单击"分割"按钮，如图 7-6 所示。

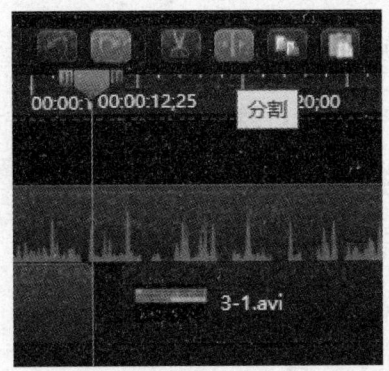

图 7-6 视频分割

7.4.3 实验 3 教学微视频的字幕制作

步骤 1：启动 Camtasia Studio 8 软件。

步骤 2：将相关音频和视频复制到软件中，将已录制的视频文件和音频文件拖动至"剪辑箱"中。

步骤 3：将视频拖入时间轴，选择视频文件，按住鼠标左键不放将视频拖动至下面的时间轴中，会弹出"方案设置"对话框，在"预设"下拉列表框中选择"录制尺寸"选项，然后单击"确定"按钮。

步骤 4：将播放指针移动到时间轴的 0 秒处，单击"标注"选项，在"形状"中选择"矩形"，如图 7-7 所示。

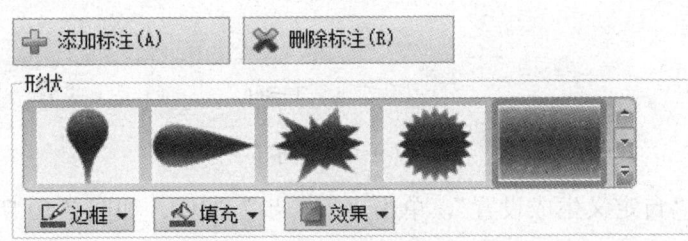

图 7-7 插入标注

步骤 5：在视频预览窗口中将"矩形"拉成全屏大小，修改背景填充色为红色，在文本区输入"Word 2010 启动"，字体为宋体，48 磅，颜色为黄色，如图 7-8 所示。

图 7-8 标题效果

7.4.4 实验 4　教学微视频的输出

步骤 1：单击"生成和共享"按钮，弹出"生成向导"对话框，如图 7-9 所示。

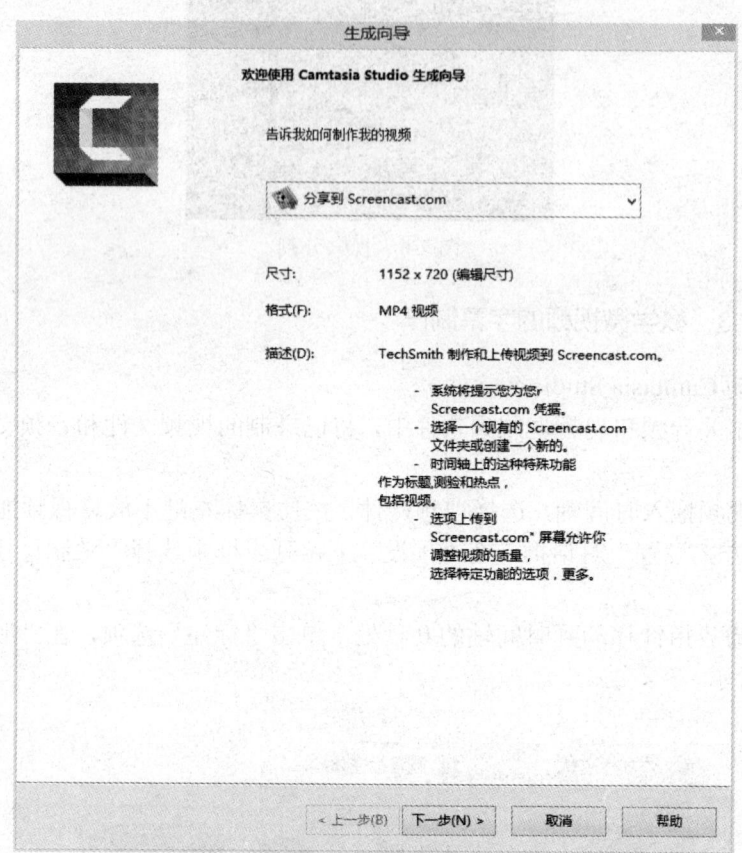

图 7-9　生成向导

步骤 2：选择"自定义生成设置"，单击"下一步"按钮，如图 7-10 所示。

图 7-10　截取

步骤 3：选择 MP4，单击"下一步"按钮，进行其他项目设置，如图 7-11 所示。

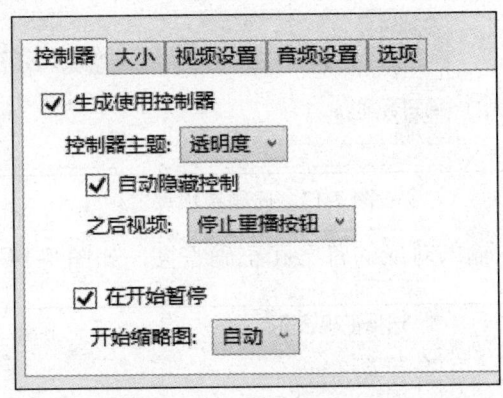

图 7-11　MP4 视频选项

步骤 4：单击"下一步"按钮，在"项目名称"文本框中输入"Word 2010 操作"，选择好输出路径，单击"完成"按钮。

7.4.5　实验 5　教学微视频添加测验

步骤 1：单击"测验"选项，弹出"测验"对话框，如图 7-12 所示。

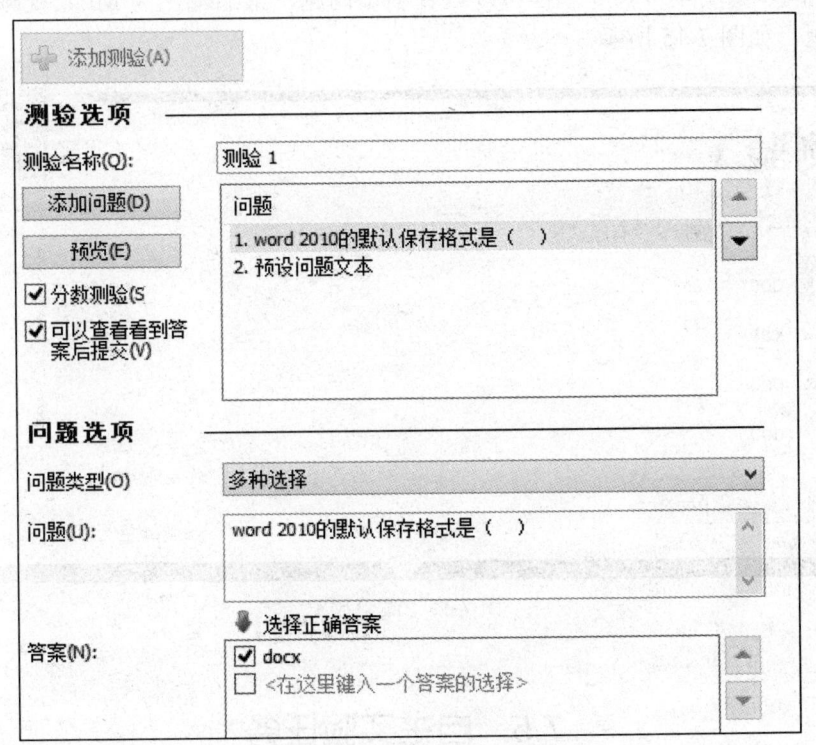

图 7-12　"测验"对话框

步骤 2：在其中单击"添加问题"按钮增加问题，然后双击"预设问题文本"，在"问题选项"中修改问题题干和"问题类型"，如图 7-13 所示。

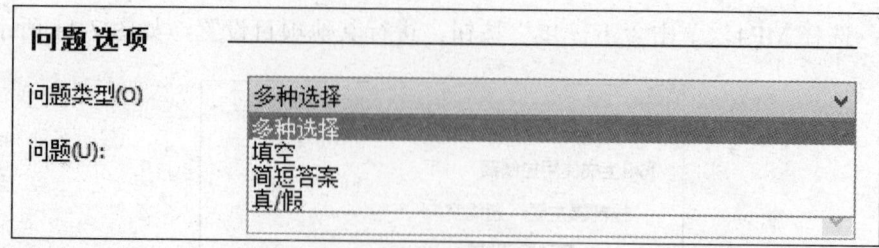

图 7-13　问题选项设置

步骤 3：在"答案"中输入对应的答案和正确答案，如图 7-14 所示。

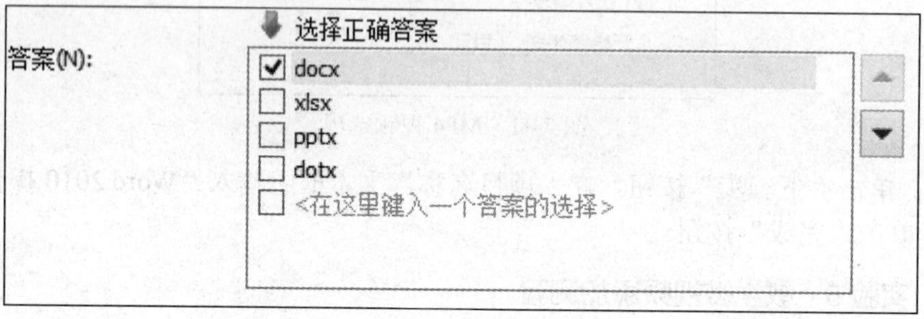

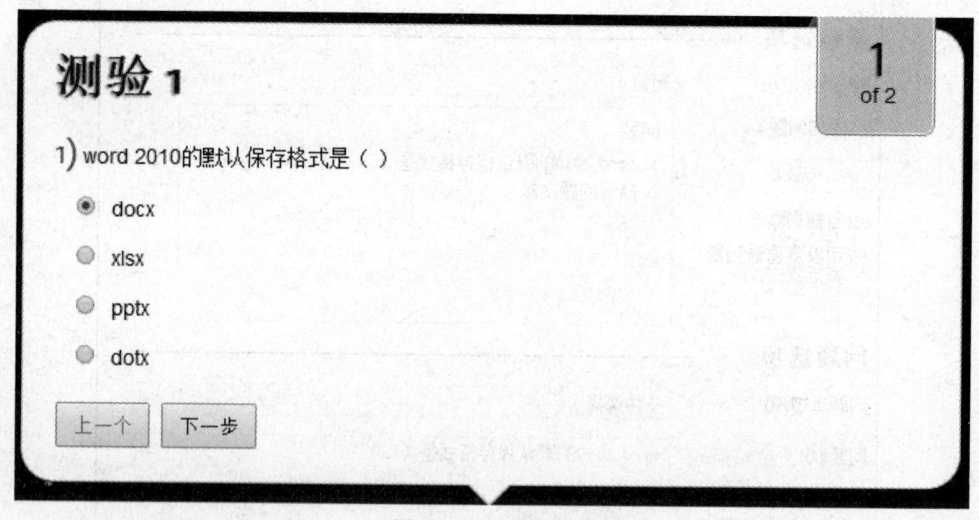

图 7-14　答案设置

步骤 4：同步骤 1 至步骤 3 一样可以设置多个问题，最后输出为 MP4 视频，可以在视频中看到测验题，如图 7-15 所示。

图 7-15　测验预览

7.5　自主实验任务

通过学习上述知识来完成下列任务：独立完成本学科一节课的微视频录像，对视频添加片头、字幕、测验和转场效果，最后生成 MP4 视频。

7.6 实验知识拓展——直接用数码摄像机拍摄[①]

如果需要进行原创性的视频资源制作,必须要使用数码摄像机进行拍摄。数码摄像机根据存储媒介的不同,可分为 DVCam 型、MiniDV 型、光盘型和硬盘型。在这里,主要以硬盘型摄像机(JVC GZ-MG575AG/AH,如图 7-16 所示)为例来介绍用数码摄像机拍摄数字视频的方法。硬盘型数码摄像机的工作原理是通过摄像镜头将光线变成电荷,通过模数转换器芯片转换成数字信号,数字信号经过压缩以后存储到硬盘里。

图 7-16 JVC GZ-MG575AG/AH 硬盘型摄像机

1. 摄像机的基本操作

(1)准备工作。

第一步:将电池安装到摄像机中。

第二步:插入高速 SD 卡。打开 SD 插卡舱盖,将插卡斜角边向下插入,关闭 SD 插卡舱盖。压一下 SD 卡即可取出 SD 卡。注意请在电源关闭时插入或取出 SD 卡,否则 SD 卡上的数据会丢失。首次使用 SD 卡时应先格式化。

(2)视频文件记录。

第一步:按图 7-17 中的指示正确握好摄像机,打开镜头盖。

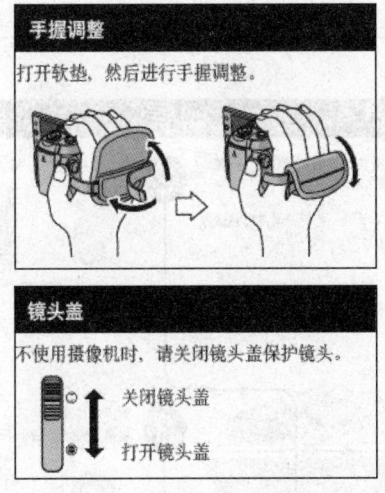

图 7-17 摄像机的拍摄姿势

[①] 豆丁网. 数字视频资源的获取、处理及应用[EB/OL]. http://www.docin.com/p-498667537.html.

第二步：使用液晶显示监视器。按 PUSH OPEN 键，将监视器外拔约 90 度，如图 7-18 所示。

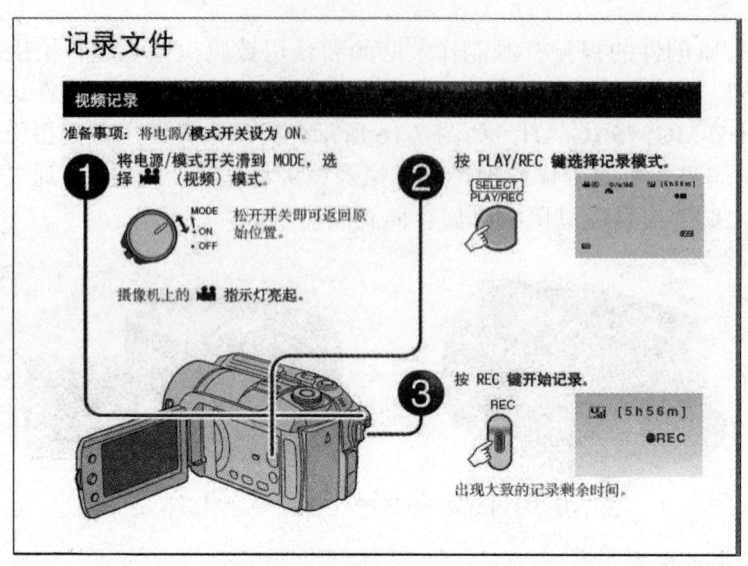

图 7-18　视频文件记录操作

第三步：打开电源，选择视频模式，按 PLAY/REC 键选择记录模式，按 REC 键开始记录（连续拍摄每 4G 就会创建一个新文件），再次按 REC 键停止记录。

第四步：用 W/T 变焦柄推拉镜头（推拉时监视器上显示变焦倍数）。W 用于广角拍摄（拉远）；T 用于特写镜头（推近）。

（3）视频文件播放。

选择视频模式，按 PLAY/REC 键选择"播放"模式，视频索引画面出现。上下左右推动设定杆，选择所需文件，然后按下设定杆确定，如图 7-19 所示。

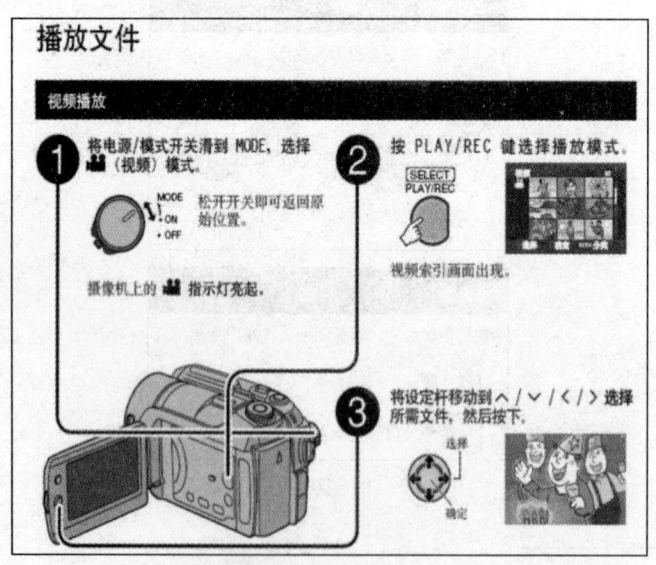

图 7-19　视频文件播放操作

2. 摄像基本知识

用摄像机拍摄画面时,需要考虑以下几个因素:

- 景别:被摄主体在电视屏幕框架结构中所呈现出的大小和范围。通常以成年人的身体标准来划分,分为远景、全景、中景、近景、特写等,如图 7-20 所示。远景的特点是人物在画面中缩小为一个视点,隐约可见,在教学视频中一般用于表现事物的整体概貌;全景的特点是整个人物在画面中能够清晰地呈现外沿轮廓线,在教学视频中一般用于介绍事物的整体结构或人物的整体动作;中景是表现成年人膝盖以上部分的电视画面,它切割了人的外沿轮廓线,突出富有表现力的内部轮廓线,在教学视频中往往表现人物的上半身动作,如操作实验仪器等;近景是表现成年人胸部以上部分的电视画面,表现人物的面部表情和神态,展示人物的心理活动,在教学视频中往往用于表现事物的细节或者授课教师的面部神态等;特写是表现成年人体肩部以上的头像,常被用来刻画人物性格,表现其情绪,在教学视频中通过放大细节来突出事物的主要特征。

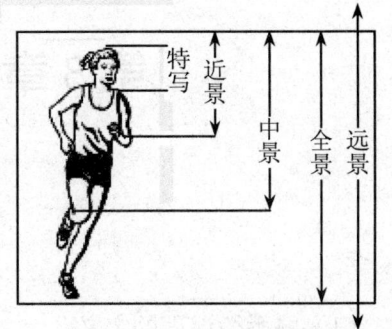

图 7-20 景别的划分

- 画面布局:是指处理好主体、陪体、前景、背景、后景、空白和均衡的关系。其中,主体是画面所要表现的主要对象,是主题思想的直接体现者,也是画面结构的中心;陪体是在画面中与主体构成特定关系或辅助主体表现主题思想的对象,相对于主体而言,陪体是画面的有机成分和构图的重要对象,陪体在画面中的出现,目的是要陪衬、烘托、突出、解释、说明主体。在教学视频中,画面主体要明确突出,在画面中占据较大的面积。
- 构图:是在电视拍摄中把被摄对象及各种造型元素加以有机的组织、选择和安排,以塑造视觉现象,构成画面样式的一种创作活动。构图样式一般有黄金分割式构图、垂直三等分构图、井字型构图、对角线构图、斜线构图、水平线构图、垂直线构图、对称构图、非对称构图等。在教学视频中,经常采用垂直三等分构图、井字型构图、对称构图、对角线构图等。
- 拍摄方式:根据摄像机的画面框架运动与否可分成固定拍摄和运动拍摄。运动拍摄一般有推、拉、摇、移、跟等拍摄手法。
- 摄像操作要领:摄像时要做到稳、平、准、匀。其中,稳是指画面要稳定,不要抖晃;平是指画面框架的水平线要跟地平线平行或重合,画面框架的垂直线要跟建筑物的铅垂线平行或重合;准是指色彩还原要准确,拍摄主体要明确;匀是指运动速度要均匀。
- 拍摄的一般过程:打开电源→切换到摄像模式→按 W/T 键取景→录制镜头→回放视频。

第 8 章 微课程设计与制作

8.1 实验目的

（1）熟悉微课程的定义。
（2）掌握微课程的制作流程和方法。
（3）掌握微课程任务单的设计方法。

8.2 实验任务与要求

（1）实验 1　微课程设计方案。
要求：选定学习中的难点、热点、疑点和考点等进行微课程方案设计。
（2）实验 2　微课程学习任务单。
要求：填写微课程学习任务单。
（3）实验 3　制作微课程件。
要求：根据实验 1 的微课程方案制作微课程件 ppt。
（4）实验 4　Camtasia Studio 录屏型微课程制作。
要求：利用 Camtasia Studio 软件进行录屏微课程制作。
（5）实验 5　手机黑板微课程制作。
要求：
①根据实验 1 的微课程方案制作微课程件 ppt。
②利用 Camtasia Studio 软件进行录屏微课程制作。

8.3 实验知识要点

1. 微课程的定义

微课程是指以学习理论、教学理论以及教育传播为指导，利用现代教育技术手段制作在 5 分钟左右就学习中的难点、热点、疑点以及考点等进行针对性讲解的一段视频或音频系列形成的课程就是微课程。在教育教学中，微课程所讲授的内容呈点状、碎片化，这些知识点，可以是教材解读、题型精讲、考点归纳；也可以是方法传授、教学经验等技能方面的知识讲解和展示。微课程是课堂教学的有效补充形式，微课程不仅适合于移动学习时代知识的传播，也适合学习者个性化、深度学习的需要。

（1）微课程的六个要素。
- 精美：设计精美，音乐、画面、文字都极精、极简、极富美感。
- 简洁：只 5 分钟左右，一事一议，开门见山，直入主题，直抓关键词。

- 具体：以小见大，直指原因或对策，将理论暗含于问题、故事、策略中。
- 意外：巧妙设疑，有悬念、层层递进。
- 深刻：能看到问题背后的问题，引发对问题本质的思考。
- 情感：有情感共鸣，不知不觉地产生亲近感与认同感。

微课程用最短的时间开阔视野，用生活中微小的事物体验生活中最真的道理。

（2）微课程的主要特点。

- 教学时间较短：教学视频是微课程的核心组成内容。根据中小学生的认知特点和学习规律，微课程的时长一般为5~8分钟左右，最长不宜超过10分钟。
- 教学内容较少：相对于较宽泛的传统课堂，微课程的问题聚集、主题突出，更适合教师的需要。
- 资源容量较小：从大小上来说，微课程视频及配套辅助资源的总容量一般在几十兆左右。
- 资源组成情景化：资源使用方便，微课程选取的教学内容一般要求主题突出、指向明确、相对完整。

2. 微课程设计的主要步骤

（1）微课程设计方案是在微课程开发之前教师对微课程的教学目标、教学内容、教学活动、教学评价、媒体表现等进行的系统规划，参考如表8-1所示。

表8-1 微课程设计表

微课程设计	
教学过程 （请在此处以时间为序具体描述微课程的所有环节）	设计意图 （请在此处说明你为什么要这样安排或选择）

设计亮点：

（2）设计课前学习任务单：学习任务单是为学生设计的，告知学生如何利用微课程开展学习，并说明与相关教学活动的衔接问题等；微视频是学生学习的主体内容，针对具体主题进行微教案编写设计，参照模板如表8-2所示。

表8-2 微课程设计任务单

一、学习目标
二、学习资源
（提示：可选项，如有其他相关资源请在此说明）
三、学习方法
（提示：为提高学生的学习效果，请在此处为学生提出微课程学习的具体要求或建议）

四、学习任务

（提示：请将要求学生完成的任务、测验或思考题列在此处）

五、后续学习预告（可选）

六、学习困惑

（提示：此处由学生填写）

（3）利用工具制作微课程。

（4）发布微课程。

（5）检验微课程的效果。

3. 微课程的制作方法

（1）数码相机+黑板。

工具与软件：数码相机、黑板、粉笔、其他教学演示工具。

方法：对教学过程摄像。

过程简述：第一步，针对微课程主题进行详细的教学设计，形成教案；第二步，利用黑板展开教学过程，利用数码相机将整个过程拍摄下来；第三步，对视频进行简单的后期制作，可以进行必要的编辑和美化。

（2）屏幕录制软件+PPT。

工具与软件：电脑、耳麦（附带话筒）、视频录像软件（Camtasia Studio、SnagIt、CyberLink YouCam）和 PPT 软件。

方法：对 PPT 演示进行屏幕录制，辅以录音和字幕。

过程简述：第一步，针对所选定的教学主题搜集教学材料和媒体素材，制作 PPT 课件；第二步，在电脑屏幕上同时打开视频录像软件和教学 PPT，执教者戴好耳麦，调整好话筒的位置和音量，调整好 PPT 界面和录屏界面的位置，然后单击"录制桌面"按钮开始录制，执教者一边演示一边讲解，可以配合标记工具或其他多媒体软件或素材，尽量使教学过程生动有趣；第三步，对录制完成的教学视频进行必要的处理和美化。

（3）手机+白纸。

工具与软件：可进行视频摄像的手机、一打白纸、几只不同颜色的笔、相关主题的教案。

方法：使用便携摄像工具对纸笔结合演算、书写的教学过程进行录制。

过程简述：第一步，针对微课程主题进行详细的教学设计，形成教案；第二步，用笔在白纸上展现出教学过程，可以是画图、书写、标记等行为，在他人的帮助下用手机将教学过程拍摄下来，尽量保证语音清晰、画面稳定、演算过程逻辑性强、解答或教授过程明了易懂；第三步，可以进行必要的编辑和美化。

（4）屏幕录像软件+手写板+画图工具。

工具与软件：屏幕录像软件（如 Camtasia Studio、SnagIt 或 CyberLink YouCam 等）、手写板、麦克风、画图工具（如 Windows 自带绘图工具）。

方法：通过手写板和画图工具对教学过程进行讲解演示，并使用屏幕录像软件录制。

过程简述：第一步，针对微课程主题进行详细的教学设计，形成教案；第二步，安装手写板、麦克风等工具，使用手写板和绘图工具对教学过程进行演示；第三步，通过屏幕录像软件录制教学过程并配音；第四步，可以进行必要的编辑和美化。

8.4 实验过程与步骤

8.4.1 实验 1 微课程设计方案

步骤 1：打开百度浏览器，在搜索框中输入"微课程设计方案"，分别找到 3 种以上不同学科类型的微课程设计方案，总结出它们之中的联系和区别。

步骤 2：打开 Word 软件，将表 8-3 中的内容逐步输入。

表 8-3 《紫藤萝瀑布》微课程设计方案

作者信息			
姓名	李春	联系电话	13708785118
所教学科	语文	所教学段	七年级
电子邮件	443698772@qq.com		
单位名称	云南省双柏县大庄中心学校		
微课程信息			
主题名称	紫藤萝瀑布		
选题意图	（请在此处说明为什么选择这个主题来制作微课程） 激发学生热爱生命、珍惜时光的情感，鞭策努力学习、创造美好生活的热情		
内容来源	（在此处注明选自哪本教材中的哪一部分或者其他出处） 人民教育出版社课标版七年级语文上册第四单元第 16 课		
适用对象	（请在此处注明学科、学段） 语文七年级		
教学目标	● 了解作者的经历和写作背景，从而掌握文章的主旨 ● 培养学生遣词造句的能力，帮助学生进行有效的词语积累 ● 培养学生仔细观察事物、欣赏事物内在美的能力 ● 激发学生热爱生命、珍惜时光的情感，鞭策努力学习、创造美好生活的热情		
教学用途	□课前预习 □课中讲解或活动 □课后辅导 □其他 （请简要说明你将如何使用该微课程） 在课堂上，利用微课程可以让学生比较清楚地认识到生活中可能出现的种种困难和挫折，感同身受、加深记忆，提高课堂效果		
知识类型	□理论讲授型 □推理演算型 □技能训练型 □实验操作型 □答疑解惑型 □情感感悟型 □其他		
制作方式（可多选）	□拍摄 □录屏 □演示文稿 □动画 □其他		
预计时间	（不超过 10 分钟）		

微课程设计	
教学过程 （请在此处以时间为序具体描述微课程的所有环节）	设计意图 （请在此处说明你为什么要这样安排或选择）
1．课堂前置	了解学生课前预习情况
2．展示学习目标	明确本节课的学习目标
3．自主学习	积极开展自主、合作、探究的学习方式
4．合作探究	兵教兵、兵练兵、兵强兵
5．展示提升	展示交流
6．测试与反馈	检测学生对本节课学习目标的达成情况

设计亮点：（请你从教学方法、案例选取、媒体选择、互动设计、技术细节等方面来说明你的设计亮点，以便其他教师更好地关注微课程的设计细节，不超过 300 字）

本课在教学方法上采用自主、合作、探究的学习方法，利用现实生活中紫藤萝图片导入简介宗璞的生平和创作，再解决生字新词；接着展示教学目标，明确本节课的学习内容；学生根据教师设计提出的问题进行自主探究，将自己不理解、不明白、不清楚的问题在小组内进行合作探究；然后，各小组进行展示和交流，教师进行点评和总结；最后，教师根据课前设计的达标测评题了解学生对本节课学习目标的达成情况，进行课堂小结。其中，PPT 课件精美生动，增强了课文的感染力和表达效果。听课文范读录音，有效地纠正了学生容易读错的生字新词

备注：《紫藤萝瀑布》微课程设计方案来源：http://wenku.baidu.com/link?url=NeEmzj ERKhFxtB_GEdrdoghmVqVdhWN9KkZAlsU0OcdxroJ3PB5igYC9Y4LoJl4OdXi2BfeW5PgztpQ_TbWuUkgYks3AAHmgQYSM0RWleSy。

步骤 3：将表 8-4 中的任务单输入到 Word 软件中。

表 8-4 《紫藤萝瀑布》微课程学习任务单

一、学习目标
● 了解作者的经历和写作背景，从而掌握文章的主旨 ● 培养学生遣词造句的能力，帮助学生进行有效的词语积累 ● 培养学生仔细观察事物、欣赏事物内在美的能力 ● 激发学生热爱生命、珍惜时光的情感，鞭策努力学习、创造美好生活的热情
二、学习资源
（提示：可选项，如有其他相关资源请在此说明） PPT 课件、课文朗读视频
三、学习方法
（提示：为提高学生的学习效果，请在此处为学生提出微课程学习的具体要求或建议） 自主、合作、探究

四、学习任务
（提示：请将要求学生完成的任务、测验或思考题列在此处）
1．根据拼音写汉字：
（bèng）____溅　　伶（dīng）____
（zhàn）____开　　盘（qí）____　　忍（jùn）____不禁
2．文章题目运用了什么修辞手法，文题写出了紫藤萝的什么特点？
3．文章开头写道"我不由得停住了脚步"，这句话在内容和结构上有什么作用？
4．对文末"我不觉加快了脚步"这句话应如何理解？

五、后续学习预告（可选）
总结本课的收获和体会，和身边的同学、爸爸妈妈分享

六、学习困惑
（提示：此处由学生填写）
通过本次微课程的学习，你还有哪些疑惑或者产生了哪些新问题，请写下来。怎么会出现"花和生活腐化有什么必然关系"这种谬论？

备注：《紫藤萝瀑布》微课程任务单来源：http://wenku.baidu.com/link?url=NeEmzjERKhFxtB_GEdrdoghmVqVdhWN9KkZAlsU0OcdxroJ3PB5igYC9Y4LoJl4OdXi2BfeW5PgztpQ_TbWuUkgYks3AAHmgQYSM0RWleSy。

8.4.2　实验2　微课程任务单设计

步骤1：打开百度浏览器，在搜索框中输入"微课程任务单设计"，写出微课程任务单设计的方法和注意事项。

步骤2：打开 Word 软件，将表 8-4 中的内容逐步输入，体会任务单设计的过程。

8.4.3　实验3　制作微课程件

步骤1：选择自己所在专业某门课程的一个核心知识点，比如数学的"20 以内减法"、语文的拼音"a"等。

步骤2：打开 PowerPoint 软件，将选定的内容制作成 PPT，如图 8-1 所示。

图 8-1　示例微课程件首页

8.4.4 实验 4 Camtasia Studio 录屏微课程制作

步骤 1：双击安装包中的 CamtasiaStudio.exe 文件，进入欢迎界面，如图 8-2 所示。

图 8-2 Camtasia Studio 欢迎界面

步骤 2：单击"录制屏幕"进入 Camtasia Recorder 界面，从左到右分别为"全屏录制"、"自定义选区"、"抓图"、"鼠标设置"、"开始录制"等按钮，可以根据需要进行设置，也可以直接单击 rec 按钮，如图 8-3 所示。

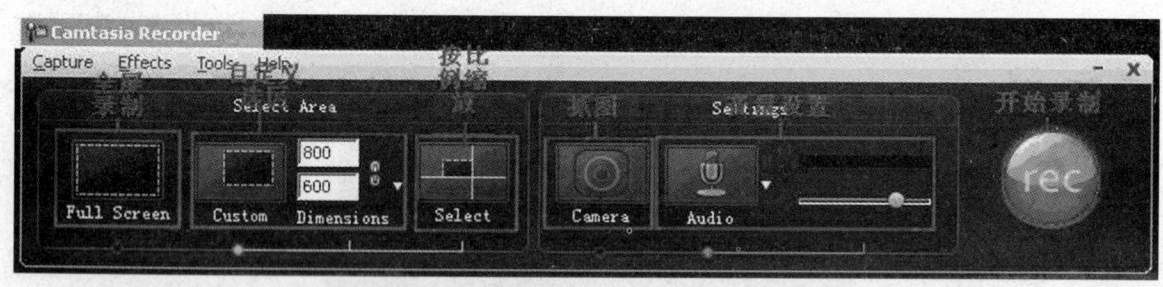

图 8-3 Camtasia Studio 录制面板

步骤 3：开始录制。单击 rec 按钮或者按 F9 键软件开始自动录制屏幕上的所有内容，直到按 F10 键停止录制。如果要有配音，可以通过话筒一边操作一边讲解。需要暂停当前的录制时，只要再次按 F9 键即可。按 F10 键出现如图 8-4 所示的界面。

图中红色框内从左到右分别为"保存和编辑"按钮、"生成影片"按钮和"删除"按钮，当单击第一个按钮后，它会提示保存项目文件，保存文件后进入如图 8-5 所示的界面：根据需要设置影片尺寸，默认为 640*480 像素。单击"确定"按钮后进入编辑界面。

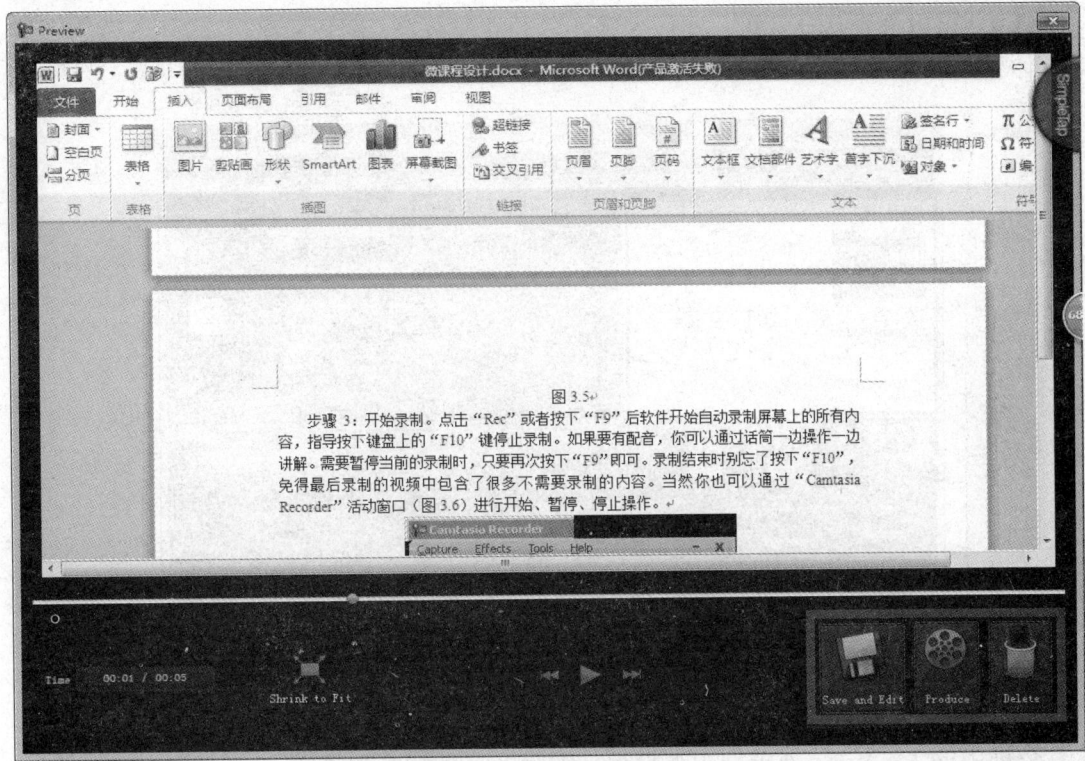

图 8-4　录制生成面板

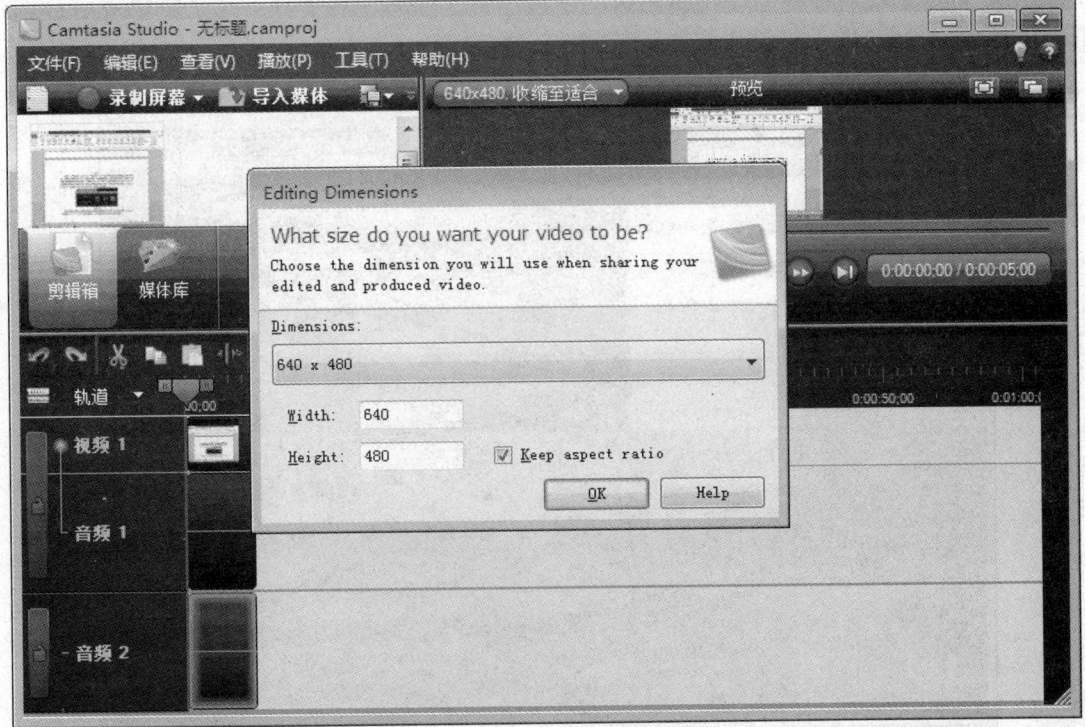

图 8-5　Camtasia Studio 尺寸设置界面

步骤 4：可以分别从计算机、媒体库等处导入外部声音、图片、视频等素材到剪辑箱中备用，具体界面如图 8-6 所示。

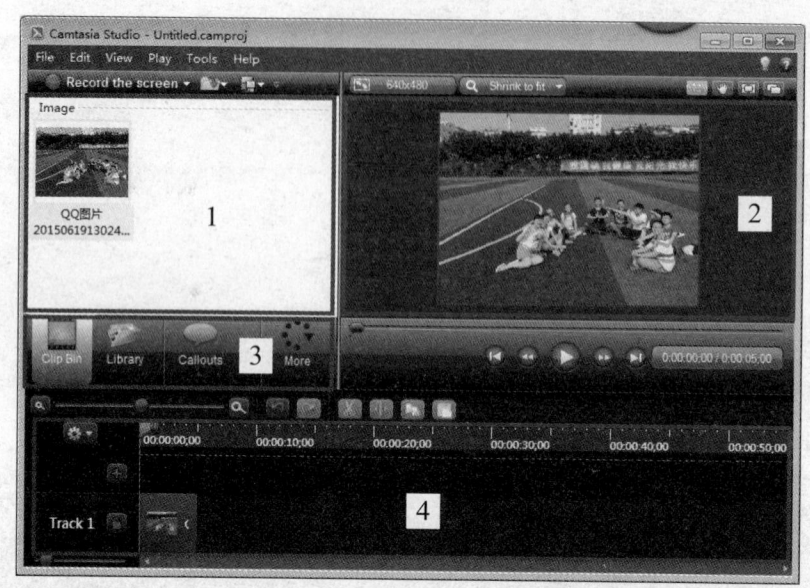

图 8-6　Camtasia Studio 编辑界面

红色框中的 1、2、3、4 分别为编辑箱、编辑区、功能区和轨道。

步骤 5：制作标题。单击功能区中的"更多"按钮，单击"标题"进入标题编辑区，进行标题制作，如微课程名称等。在标题编辑区中可以对文字大小、字体、文字颜色等进行设置，如图 8-7 所示。

图 8-7　添加标题

步骤 6：添加标注。在功能区中单击"标注"进入"标注"编辑区。对在录制的视频中需要注解、说明的地方进行注释。可以对标注进行字体大小、颜色、特效等的修改，如图 8-8 所示。

图 8-8 添加标注

步骤 7：添加转场特效。不同的镜头之间需要添加一些特效来活跃气氛。单击"转场"按钮进入特效库，选中一种特效拖拽到故事板上，即如图 8-9 所示的两个镜头之间的箭头上。

图 8-9 添加转场特效

步骤 8：添加解说音频。

在录制过程中，如果音频录制效果不好，还可以通过 Camtasia Studio 重新录制音频。单击"工具"→"配音"命令，系统将会调出"配音"选项，设置音频录制设备、音频音量等，最后单击"开始录制"按钮开始录制，如图 8-10 所示。

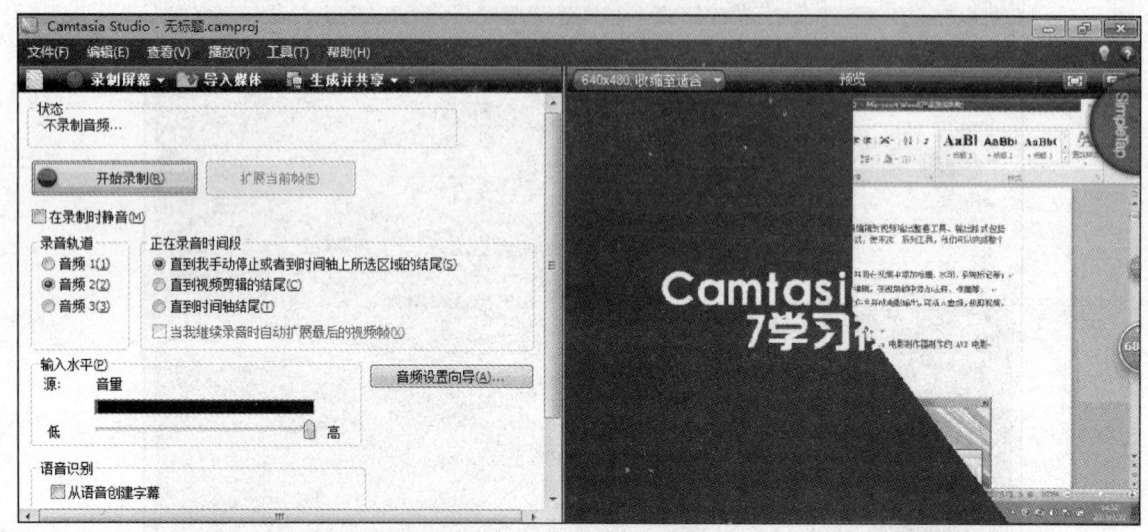

图 8-10　添加解说音频

在此栏中可以设置录制的轨道、持续时间和麦克风音量等选项。录制时，程序内置的视频预览器将会实时播放视频，录制完毕后将录制的音频保存起来，再单击"完成"按钮结束录制工作，最后别忘了要重新将影片导出来，导出方法与上面的类似，这里不再赘述。

步骤 9：编辑视频。在录制过程中，可能会有一些片段是多余的，在时间轴上用鼠标拖动左上角的控制三角滑块将不需要的部分选中（通过标记辅助使时间更加准确），然后单击"编辑"→"剪切选区"命令（或者在右键快捷菜单中选择"剪切选区"命令）即可将这多余的部分删除，如图 8-11 所示。

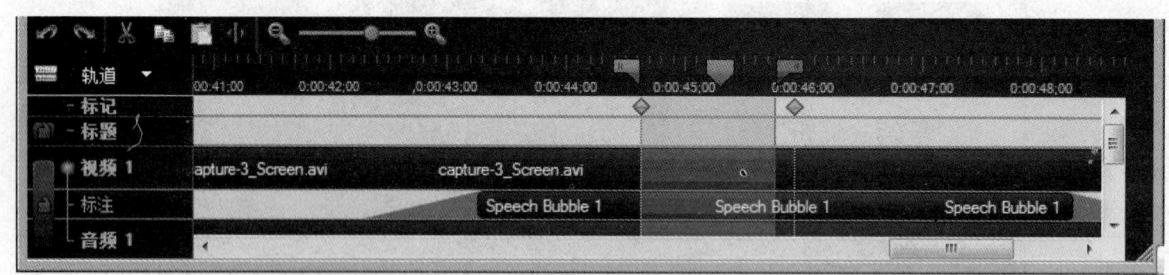

图 8-11　编辑视频

步骤 10：导入配音。从外部导入音乐作为背景音乐，如图 8-12 所示。

步骤 11：导出影片。单击"文件"→"导出并共享"命令，根据需要选择，一般网络传输就选择默认项 Web，具体如图 8-13 所示。

第 8 章 微课程设计与制作

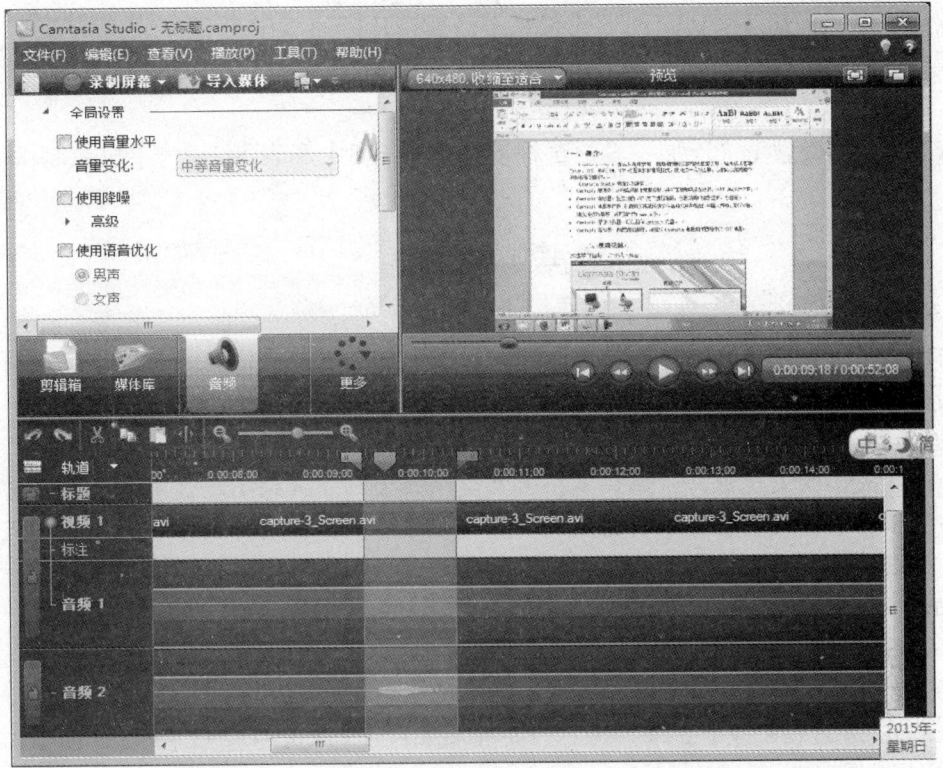

图 8-12 导入配音

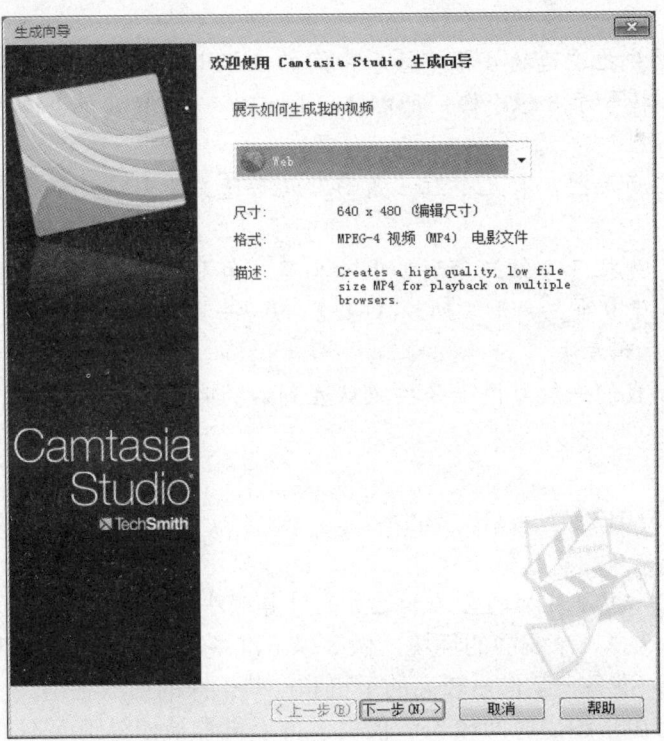

图 8-13 生成向导

依据提示单击，渲染完成后即完成了一个微课程片段的制作。

8.4.5　实验 5　手机制作微课程

步骤 1： 根据微教案"连加"教学过程设计填写表 8-1 和表 8-2，为手机录制微课程做好准备。

连加教学过程

1. 导语

小朋友们，大家好！我给你们讲的微课程是人教版《义务教育课程标准实验教科书数学》一年级上册 P72 连加。

2. 连加的含义

最近这 3 天小明表现很好，妈妈第一天在奖惩簿上画了 4 朵小花，第二天画了 2 朵小花，第三天画了 3 朵小花，要求出小明这几天一共得了多少朵小花用什么方法？怎样列式？对了，用加法。列出的算式是 4+2+3 =。像这种算式数学上叫"连加"。

3. 探究连加的计算顺序

像 4+2+3 = 这样的连加算式我们怎样来计算呢？

（1）看：第一天有 4 朵花，第二天增加 2 朵，一共有几朵？我们来数一数（1，2，3，……一共有 6 朵），第三天又得了 3 朵，现在一共有几朵？（9 朵），4+2+3 = 9，一共有 9 朵小花。

（2）小棒图。

下面我们来看看小棒图，数一数左边的有几根小棒？中间有几根？右边呢？想一想怎样列式计算？（4+3+1 = ）

（3）4+3+1 = ？先把左边的 4 根小棒和中间的 3 根小棒加起来等于 7 根小棒，再用 7 根小棒加右边的 1 根小棒等于 8 根小棒，所以 4+3+1 = 8，一共有 8 根小棒。

（4）小三角形图。

我们来看看小三角形图，有几个红三角形？几个蓝三角形？几个黄三角形？怎样列式计算？（3+4+2）

（5）3+4+2 = ？先把 3 个红三角形加上 4 个蓝三角形等于 7 个三角形，再用 7 个三角形加上 2 个黄三角形等于 9 个三角形，所以 3+4+2 = 9，一共有 9 个三角形。

4. 总结计算顺序和方法

在计算连加时，我们一般习惯上是按照从左到右的顺序，先算前两个数的和，再将它们的和加上第三个数。

5. 巩固练习

2+2+4 = ？　　　5+0+3 = ？

6. 结束语

小朋友们，我们学习了连加的含义和连加的计算顺序及方法，你学会了吗？

步骤 2： 准备。选择一个安静的环境，做好以下准备是成功制作微课程的关键：

- 手机+白纸。准备一款像素较高的手机和一些干净的白纸备用。
- 手机支架。由于拍摄时间较长，仅仅手持手机容易使得画面不稳定，所以需要准备一个手机支架来固定手机。

- 耳机、光源、直尺、笔。
- 写字台。

步骤 3：固定手机。先将支架固定，再将手机固定到支架上，如图 8-14 所示。

图 8-14　固定手机

步骤 4：画定位框。在桌面上铺设白纸，用彩笔将手机拍摄的范围画出来，在正式录制时内容不能超过定位框，如图 8-15 所示。

图 8-15　定位框

步骤 5：录制。对步骤 1 中的微教案进行录音，录制后如果声音需要编辑，就用声音编辑软件进行剪辑。带上耳机，一边播放声音一边根据声音的进程在白纸上写画，同时手机开始录制白纸画面。

步骤 6：编辑。如果录制的画面有错误或者不连贯，就用实验 2 中的 Camtasia Studio 软件进行编辑。编辑完成后导出成 MP4 或 AVI 进行发布。

8.5 自主实验任务

通过学习上述知识来完成下列任务:
(1) 自选本专业的难点、热点知识点设计一份微课程方案和任务单。
(2) 根据上面设计的微方案制作微课程件。
(3) 根据微课程件制作微视频并配音。

8.6 实验知识拓展——微课程的评价标准

该标准涉及作品规范、整体设计、教学内容设计、教学活动设计、媒体效果 5 个方面,如表 8-5 所示。

表 8-5 微课程评价标准

一级指标	观测点	权重
作品规范	<ul><li>微课程以文件包的形式来提交,在目标、内容、活动、评价方面具有完整性</li><li>微视频时长一般不超过 10 分钟</li></ul>	10
整体设计	<ul><li>选题符合课程标准</li><li>教学目标明确、可达</li><li>能够根据学生学习需要和教学内容特点,通过"学习单"等方式对学生的自主学习进行整体设计</li></ul>	20
教学内容设计	<ul><li>只讲述一个知识点或技能点</li><li>受众定位明确,不照本宣科,口语讲解,尽可能少地使用古板、枯燥的书面语,使讲解通俗易懂</li><li>营造一对一的教学情境</li><li>没有文字、语言、图片上的知识性错误,没有误导性描述</li></ul>	30
教学活动设计	<ul><li>教学内容的组织与编排符合学习者的认知逻辑规律,过程主线清晰,重点突出,逻辑性强,明了易懂</li><li>教学方法有创意,形式与内容新颖,教学过程深入浅出、形象生动、精彩有趣、启发引导性强</li><li>活动形式灵活多样,符合学生的学习习惯</li><li>活动方式有效运用信息技术,实现有效的反馈或共享交流</li></ul>	20
媒体效果	<ul><li>设计风格符合学生的年龄特点,和内容匹配度高</li><li>画面设计美观大方,配色合理,图像和内容契合度高</li><li>动画运用合理流畅,能吸引学生的注意力</li><li>配音清晰,语速适中,有利于学生理解内容</li><li>配乐能有效烘托气氛</li></ul>	20

第二部分 技能训练与参考答案

第9章 现代教育技术概述习题

9.1 选择题

1. 关于教育技术与电化教育之间的关系，下列说法中正确的是（　　）。
   A．教育技术的理论和实践与电化教育完全相同
   B．教育技术的理论和实践与电化教育完全不同
   C．教育技术的理论和实践只是电化教育中的一部分内容
   D．电化教育的理论和实践只是教育技术中的一部分内容
2. 现代教育技术在研究、设计学习过程时，着重利用了学习理论、教学理论和（　　）。
   A．教学系统方法　　　　　　　　B．直观方法
   C．科学抽象方法　　　　　　　　D．理想化方法
3. 通常所说的现代教学媒体是指（　　）。
   A．黑板、教科书、图片等　　　　B．教室、校园、周围社区等
   C．班风、校规、校纪等　　　　　D．投影、录像、录音、电子计算机等
4. 下面提供的关于教学设计构成的4个基本因素的说法中，正确的是（　　）。
   A．学生、目标、策略、评价
   B．教学媒体、学习需要分析、形成性分析、学习目标
   C．测验、调查、教学形式、教学媒体
   D．评价、决策、规划、教学内容
5. 历史上有3种教育实践既相互融合，又各自发展，为形成教育技术这样一个独特领域奠定了基础，这3种教育实践是（　　）。
   A．视听教学、程序教学、个别化教学
   B．程序教学、电化教育、系统方法
   C．教学系统方法、视听教学、程序教学
   D．教学系统方法、程序教学、个别化教学
6. 下列（　　）不是Internet上的安全标准。
   A．S-HTTP　　　B．SSL　　　C．HTML　　　D．SEL
7. 教育技术是学习过程和学习资源的（　　）5个领域的理论与实践。
   A．设计、开发、应用、组织、管理

  B．开发、设计、建构、管理、评价
  C．应用、实践、设计、管理、评价
  D．设计、开发、应用、管理、评价
 8．香农—施拉姆传播模式的最突出特点是重视信源和接收者之间的（　　）。
  A．建立反馈环节   B．防止信道干扰
  C．共同经验领域   D．获取有效信息
 9．信息加工理论认为，尽管人的记忆同时出现一系列信息的能力是有限的，如果把信息组织成（　　），不仅可以增加信息摄取量，而且还有助于保持记忆。
  A．有意义的组块   B．形象化内容
  C．相关问题   D．软件形式
 10．基于计算机的教育（简称CBE）被称为一种新的教育技术。CBE包括：计算机辅助教学（简称CAI）、计算机管理教学（简称CMI）、计算机辅助学习（简称CAL）和基于计算机的教学（简称CBI）。这些术语中在内容方面没有太大的差别或称等同的是（　　）。
  A．CMI、CBI和CAI   B．CMI、CBI和CAL
  C．CAI、CAL和CMI   D．CAI、CAL和CBI

9.2　填空题

 1．教育技术是指通过_____、_____和_____适当的技术过程和资源来促进学习和提升绩效的研究和符合职业道德规范的实践。
 2．教育技术是由_____、_____和_____方法3个领域的发展整合而成的。
 3．信息技术条件下的教学活动与教学设计需要充分考虑到学习者与学习环境的交互作用，因此不仅应重视学习资源和学习过程的设计，而且也应该更重视_____。
 4．教育技术有三大范畴，即_____、_____、_____。
 5．教育技术有双重目的，即_____和_____。
 6．电化教育是根据教育理论，运用_____，并与_____恰当结合，有目的地传递教育信息，充分发挥多种感官的功能，以实现最优化的教育活动。
 7．教育技术在我国的发展主要分为两大阶段，即电化教育的_____，以及改革开放以后电化教育向教育技术的全面发展。
 8．教育技术的未来发展方向，一方面取决于理论与技术的发展状况，另一方面取决于_____。
 9．教师的教育技术素质不仅包括在教学过程中熟练使用各类媒体设备和对教学活动的设计能力，还应具备基本的_____。
 10．美国教育传播与技术协会的简写是_____。

9.3　判断题

 1．AECT2005定义：教育技术是通过创造、使用、管理合适的技术性的过程和资源，以促进学习和改善绩效的研究与符合道德规范的实践。　　　　　　　　　　　　　　　（　　）

2. AECT1970 年定义：教学技术是一种根据特定目标来设计、实施与评价整个教与学的过程的系统方法。它以对人的学习和传播的研究为基础，综合运用人力、物力资源，以达到更有效的教学目的。（　　）

3. 在某项教学活动的过程中，总结性评价是对教育活动的最终评价。（　　）

4. "经验之塔"理论把学习经验分为具体与抽象，提出学习应从抽象向具体发展。（　　）

5. 幻灯机属于视听教学媒体。（　　）

6. AECT1994 年定义：教育技术是为了促进学习，对有关的过程和资源进行设计、开发、利用、管理和评价的理论与实践。（　　）

7. 基于各个时期所使用的教育技术，可以把教育技术的发展历程总结为三条主线，分别是视听教学、个别化教学和系统设计教学。（　　）

8. 电化教育就是教育技术。（　　）

9. 格式塔学习理论属于建构主义学习理论。（　　）

10. 在某项教学活动的过程中，形成性评价是为使活动效果更好而不断进行的评价。（　　）

9.4　名词解释

1. 教育技术（AECT1994）
2. 课件
3. 教学媒体
4. 教学目的
5. 教学资源

9.5　论述题

1. 论述现代教育技术给教学带来的作用。
2. 常见的计算机网络教学模式有哪几种？
3. 常见的计算机辅助教学模式有哪几种？

9.6　参考答案

9.6.1　选择题

1～5：DADAA　　　　6～10：CAAAD

9.6.2　填空题

1. 创建　运用　管理
2. 视听教学　个别化教学　教学系统

3. 学习活动的设计和支持
4. 创造　使用　管理
5. 促进学习　改善绩效
6. 教育理论　现代教育媒体
7. 形成和发展
8. 教育的实际需求
9. 教学软件的开发能力
10. AECT

9.6.3 判断题

1～5：√√√××　　6～10：√√××√

9.6.4 名词解释

1. 教育技术是对学习过程和学习资源进行设计、开发、使用、管理和评价的理论与实践。

2. 课件是在一定的学习理论指导下，根据教学目的、教学内容设计的，反映某种教学策略的计算机软件。

3. 教学媒体是在教育、教学活动中传递教育、教学信息的载体和中介，是教学系统的重要组成部分。

4. 教学目的是教学活动预期达到的结果，是对教学意图概括性的说明，它是由一系列相关的教学目标组成的系统。

5. 教学资源可以理解为一切可以用于教育、教学的物质条件、自然条件、社会条件以及媒体条件，是教学材料与信息的来源。

9.6.5 论述题

1. 答：现代教育技术为创新教育提供坚实的理论基础。教育技术是在先进的教育思想和理论的指导下，充分利用现代信息技术，通过对教学过程和教学资源的设计、开发、利用、评价和管理，以实现教学优化的理论和实践。教育技术学理论的核心是"教学设计原理"，它是连接学习理论、教学理论与教学实践的桥梁。现代教育技术应用于教学中，促进了传统教育观念的转变，其先进的教学设计思想，以及多媒体计算机和基于 Internet 的网络通讯技术为培养学生的创新能力，激发他们的创新思维提供有利的支持。以"学"为中心的教学设计正是围绕如何促进学生主动建构知识而开展的，让学生处于学习的中心位置，充分地调动学生的主动性、创造性，有利于学生认知主体作用的体现。

2. 答：常见的计算机网络教学模式有以下 3 种：
（1）以集体学习为主的网络教学模式——讲授型模式。
（2）以学习者自主学习为主的网络教学模式。
（3）以小组学习为主的网络教学模式。

3. 答：常见的计算机辅助教学模式有以下 6 种：练习与操练式、指导式、咨询式、模拟式、游戏式、问题解决式。

第 10 章　教学媒体与多媒体素材的处理习题

10.1　选择题

1. 下面列出的选项中不属于图像文件格式的是（　　）。
   A．jpg　　　　　　B．bmp　　　　　　C．doc　　　　　　D．psd
2. 彩色可用（　　）来描述。
   A．亮度，饱和度，色调　　　　　　B．亮度，饱和度，颜色
   C．亮度，对比度，颜色　　　　　　D．亮度，色调，对比度
3. 在实际操作中大多数选取的图像区域是复杂并且不规则的，因此常用 Photoshop 工具箱中提供的套索工具进行操作。下列选项不属于套索类型工具的是（　　）
   A．矩形选框工具　　　　　　　　　B．套索工具
   C．多边形套索工具　　　　　　　　D．磁性套索工具
4. 下列文件格式中能够支持 Photoshop 全部特征的是（　　）。
   A．jpeg　　　　　　B．bmp　　　　　　C．psd　　　　　　D．gif
5. 彩色印刷的图像彩色模式必须使用（　　）。
   A．CMYK　　　　　B．HSB　　　　　　C．RGB　　　　　　D．LAB
6. 下列说法中不正确的是（　　）。
   A．人通过视觉可以从外部世界获取 80%左右的信息，通过听觉可以获取 10%左右的信息，通过触觉、嗅觉和味觉可以从外部获取的信息量约为 10%
   B．多媒体应用系统开发的过程大致是：概念阶段、设计阶段、素材制作阶段、集成阶段、测试阶段、发行阶段
   C．多媒体是一个比较综合的概念，即使没有计算机也可以实现和运用多媒体技术
   D．虚拟现实（Virtual Reality，VR）技术，是在许多相关技术（如仿真技术、计算机图形学、多媒体技术等）的基础上发展起来的一门综合技术，是多媒体发展的更高境界
7. 下列软件中，属于多媒体创作工具的是（　　）。
   A．Flash　　　　　　　　　　　　　B．Dreamweaver
   C．Illustrator　　　　　　　　　　　D．Authorware
8. 下列关于音频信息获取与处理的说法中错误的是（　　）。
   A．从听觉角度上讲，声音媒体包括音调、音强和音色这 3 个要素
   B．在室外，即使噪音是恒定的大小，也没有办法把录制出来的声音进行降噪
   C．Windows 系统中的录音机像 Audition 一样，都能录取外部声音
   D．数字音频质量的好坏主要取决于采样频率、取样大小和声道数等因素
9. Photoshop 中的橡皮图章工具可准确复制图像的一部分或全部，应按住（　　）键。

A．Shift B．Ctrl C．Alt D．Tab

10．下列关于视频信息的说法中正确的是（　　）。
　　A．视频媒体是各种媒体中携带信息最丰富、表现力最强的媒体，主要是因为它包含了背景音乐或语音解说
　　B．目前，国际上流行的视频格式标准主要有：NTSC 制式、PAL 制式和 SECAM 制式
　　C．Premiere 是我国自主开发的一款视频处理软件
　　D．DVD 和 VCD 是存储视频信息的两种格式，而且这两种信号的质量差不多

10.2　填空题

1．多媒体播放工具有_____、_____。（填写两种）
2．常见的音频文件格式有_____、_____、_____。（填写三种）
3．Flash 制作动画的源文件格式是_____。
4．常用的视频格式有_____、_____、_____。（填写三种）

10.3　判断题

1．教学媒体表现事物的空间、时间和运动特征的能力称之为教学媒体的能动性。（　　）
2．视频文件是视频信号经过数字化处理的文件。（　　）
3．所谓总体优化，就是要选择一种教学媒体，让其最能发挥其教学功能。（　　）
4．教学媒体具有传播和获取信息的能力，这是因为媒体是与传播相伴而生的。离开了传播，也就无所谓媒体。（　　）
5．一般媒体都可以演变为教学媒体。（　　）
6．媒体教学在学校教育中的主要作用只能是一种辅助教学。（　　）
7．活动的效果受教师态度的影响，积极推广 CAI 的教师所用 CAI 的教学效果好，反之则差。（　　）

10.4　名词解释

1．多媒体
2．学习资源
3．数字化学习环境

10.5　简答题

1．什么是多媒体计算机？
2．Photoshop 的滤镜有什么作用？
3．简述矢量图形与位图图像的区别。
4．获取图像的途径有哪些？

5．多媒体计算机技术的应用范围几乎涉及到人类的各个领域，请问有哪些常见的多媒体计算机应用领域，并做简要说明。

6．选择教学媒体的依据是什么？

10.6　论述题

1．各类多媒体素材采集的方法有哪些？请做简单论述。

2．什么是教育媒体？怎样才能发挥多种媒体在教学中的作用？

10.7　参考答案

10.7.1　选择题

1～5：CAACA　　6～10：CDBCB

10.7.2　填空题

1．Windows Media Player　RealPlayer　酷狗音乐　酷我音乐盒（填写其中两种即可）

2．wav　MP3　mid　wma（填写其中三种即可）

3．swf

4．AVI　mpg　rm　MP4　rmvb　wmv　vob（填写其中三种即可）

10.7.3　判断题

1．×　　2．×　　3．×　　4．√　　5．√　　6．√　　7．√

10.7.4　名词解释

1．多媒体：一是指存储信息的实体，如磁盘、光盘、磁带、半导体存储器等，中文常译作媒质；二是指传递信息的载体，如数字、文字、声音、图形等，中文译作媒介。

2．学习资源：可用于学习的一切资源，包括信息、人员、资料、设备和技术等。一般可分为两类：专门设计的学习资源，如教科书、语言实验室等；非专门设计的学习资源或可利用的学习资源，如戏剧、博物馆等。

3．数字化学习环境：是指能对学习信息进行数字化处理、传输、显示的硬件设施和相关软件构成的系统。

10.7.5　简答题

1．多媒体计算机是指能够综合处理文本、图形、图像、动画、音频和视频等多媒体信息的计算机，它是集图、文、声、像于一体并具有多媒体功能的计算机。

2．使用滤镜可以使图像产生意想不到的效果。滤镜所产生的复杂数字化效果最初来源于摄影技术，应用滤镜可以强化图像效果并掩盖其缺陷，可以使模糊柔和的轮廓线转化为清晰可见的边界，也可以去除数字化图像中的尘埃和划痕。因此滤镜的功能非常强大，在处理图像时经常被使用。

3．矢量图形是一系列几何图形构成的，可以随意缩放而保持原有的清晰度。位图是一种点阵图图像，它是由许多自带颜色的、小的四边形组合而成的，而这些四边形就是像素。位图图像在进行缩放操作时容易使图像失真。

4．获取图像的途径有：从屏幕获取、利用扫描仪获得、从光盘中获取、从网上下载、利用软件进行绘制或处理。

5．答：①多媒体电子出版物，光盘、电子书制作；②多媒体通讯，将电话、电视、传真、音响等与计算机融为一体；③多媒体教学的实现，实现多媒体演播教学环境和多媒体网络教学环境；④多媒体远程教学的实现，提高教学效率。

6．选择教学媒体的依据是：

（1）教学目标：每个知识点都有具体的教学目标，为达到不同的教学目标常需要使用不同的媒体去传递教学信息。

（2）教学内容：各门学科的性质不同，适用的教学媒体有所区别；同一学科内各章节内容不同，对教学媒体的使用也有不同的要求。

（3）教学对象：不同年龄阶段的学生对事物的接受能力不一样，选用教学媒体时必须顾及他们的年龄特征。

（4）教学条件：教学中能否选用某种媒体，还要看当时当地的具体条件，其中包括资源状况、经济能力、师生技能、使用环境、管理水平等因素。此外，还要考虑媒体的特性、使用成本、可获得性、便利性、学生的偏爱等因素。

10.7.6 论述题

1．答：多媒体素材有文本、图像、音频、视频、动画 5 类。分别对这 5 种类型的素材列举采集的方法。

2．答：（1）教育媒体是传输教学信息的载体，是记录、存储、调节、传输和呈现教学信息的所有材料、实物、设施和人的总称，在传授知识、培养技能和开发智力等各方面，每种教育媒体都有各自的功能特点，有优点，同时也有弱点。

（2）媒体的使用效果不仅与媒体本身有关，而且与教学媒体实际的设计、制作、发送质量以及采用的教学法有关。

（3）设计、选择教学媒体应该综合统一考虑，必须注意媒体的最佳作用点和最佳作用时机，必须考虑经济性的简捷和优化，有利于学习资源的获取、加工、保存、传输和发布，最终达到改善学习的效果。

（4）教学过程中，无论使用哪种媒体，教师都需要了解和掌握它的信息表达功能和特点，并能正确恰当地开展教学设计。

第 11 章 网络教学信息获取与利用习题

11.1 选择题

1. 在因特网上迅速找到自己想要的资源，应该学会使用（   ）。
   A．超级链接   B．搜索引擎
   C．下载文件   D．E-mail
2. 在网上不能随意下载的是（   ）。
   A．共享软件   B．自由软件
   C．正版软件   D．硬件驱动程序
3. 班主任想开一个有关"弘扬奥运精神"的主题班会，现在他手里有一张有关奥运会的光盘，但是他只想要其中的一个片段，你会利用（   ）软件把这个片段截取出来。
   A．超级解霸   B．ACDSee
   C．Winamp   D．MediaPlayer
4. 下列选项中不属于下载工具的是（   ）。
   A．网络蚂蚁   B．CuteFTP
   C．传奇   D．迅雷
5. 下列软件中可以将文字转换为声音的是（   ）。
   A．Photoshop   B．Access
   C．Camtasia Studio   D．Langdunv
6. 下列指离线浏览器的是（   ）。
   A．网络蚂蚁   B．迅雷
   C．Offline Explorer   D．Access
7. 下列选项中（   ）不是网络资源。
   A．网络课程建设和管理   B．多媒体电子教室的管理
   C．多媒体教室的组装和管理 D．教材
8. 获取网络资源最基本的方式是（   ）。
   A．网页浏览   B．下载视频
   C．下载文本   D．桌面截图
9. 下列选项中不属于网络信息资源检索方法和技巧的是（   ）。
   A．利用搜索引擎检索   B．查询网上图书馆
   C．利用网上信息指南   D．学校图书馆
10. 下列不是目录类搜索引擎的是（   ）。
    A．谷歌   B．雅虎
    C．新浪   D．搜狐

11.2 填空题

1. 网络教育资源包括_____、_____、_____。
2. 文本资源处理能力包括_____、_____、_____、_____。
3. 基于资源的学习是一种_____和_____的学习。
4. 基于资源的学习要素主要包括_____、_____、_____，其中_____是决定学习者是否成功的决定因素。
5. 将 VCD、DVD 光盘中的相片截取出来有多种方法：一是_____，二是_____，三是_____。
6. 目前教学资源在课堂中应用最广泛的方式是用于_____。
7. 教学资源中的媒体要素有_____、_____、_____、视频和动画。
8. 图形图像处理中，最基本的是_____、_____。
9. 声音教学资源一般处理的有_____、_____、_____等。
10. 常用的数字视频文件格式有_____、_____、_____等。

11.3 判断题

1. 数字化图像的获取一般有：使用数码相机拍摄、利用扫描仪扫描、从网络上下载等途径。　　　　　　　　　　　　　　　　　　　　　　　　　　　　（　　）
2. 把图片保存到自己的电脑中，可以通过"图片另存为"的方式来实现。　（　　）
3. 获取信息的基本过程是："确定信息需求"→"确定信息来源"→"采集信息"→"保存信息"。　　　　　　　　　　　　　　　　　　　　　　　　　　　　　（　　）
4. 利用网际快车下载文件，如果没有下载完成就关闭计算机，下次开机下载的时候，可以接着在上次下载的断点处继续下载。　　　　　　　　　　　　　　（　　）
5. 从网上获取文本教学资源，不能复制的文本可以用网页"另存为"TXT 的方式保存下来。　　　　　　　　　　　　　　　　　　　　　　　　　　　　　　（　　）
6. 教学资源的分类方式不是唯一的，按照不同的方式存在不同的分类方式。（　　）
7. "微视频"的"微"主要不是在其"短"和"精"，而在于细。　　　　　（　　）
8. 电影中出现的图片不能下载下来。　　　　　　　　　　　　　　　　（　　）
9. 下载文本是最基本的获取网络资源的方式。　　　　　　　　　　　　（　　）
10. 网络资源不具有共享性。　　　　　　　　　　　　　　　　　　　（　　）

11.4 名词解释

1. 教学资源
2. 视频资源
3. 信息检索
4. 搜索引擎

5．离线浏览器

11.5　简答题

1．简述网络教育资源的局限性。
2．图像资源的获取方法有哪些？
3．矢量图与位图的区别是什么？

11.6　论述题

1．简述网络教育资源的作用。
2．如何获取网络教学资源？

11.7　参考答案

11.7.1　选择题

1～5：BCAAD　　　　　　6～10：CDADA

11.7.2　填空题

1．网络环境资源　网络信息资源　网络人力资源
2．键盘输入　语音录入　手写输入　从网上获取
3．灵活性　自主性
4．学习者　学习资源　教师　学习资源
5．桌面截图　用播放软件的截图功能　用专门的抓图软件截图
6．教学演示
7．文字　图形　图像　声音
8．网络结构图的设计　基本证件的处理
9．背景音乐　解说　效果声
10．AVI　DV-AVI　MPEG

11.7.3　判断题

1～5：√√√√√　　　　　　6～10：√××××

11.7.4　名词解释

1．教学资源是指教育系统中支持整个教学过程达到一定的教育目的，实现一定的教育教学功能的各种资源。
2．视频资源是指在教学过程中支持教与学活动过程的视频信息，可分为教学类视频和助学类视频。

3. 信息检索是指信息按一定的方式组织起来，并根据信息用户的需要找出有关的信息的过程和技术。狭义的信息检索就是信息检索过程的后半部分，即从信息集合中找出所需要的信息的过程，也就是我们常说的信息查询。

4. 搜索引擎是指根据一定的策略、运用特定的计算机程序从互联网上搜集信息，在对信息进行组织和处理后，为用户提供检索服务，将用户检索相关的信息展示给用户的系统。

5. Offline Explorer，它能完整地下载指定网站的全部或部分网页，可以指定下载资源的类型以及大小限制，保存的网站结构和网页文件名与实际网站内容一致，并能同时下载几十个网页，下载速度较快。

11.7.5 简答题

1. 答：①信息资源分散，数量庞大；②有价值的信息不免费；③信息加工深度不够；④实质性信息少；⑤灰色信息过度。

2. 答：（1）从素材光盘中寻找。

（2）从教学资源库中寻找。

（3）在网上查找。

（4）从电子书籍中获取。

（5）从画报、画册中后期扫描。

（6）从课件中抓取，可以用 HySnapDX 或 SnagIt 等软件在现成的课件中抓取相应的图片。

3. 答：矢量图又叫向量图，是用一系列计算机指令来描述和记录一幅图，一幅图可以分解为一系列由点、线、面等组成的子图，它所记录的是对象的几何形状、线条粗细和色彩等。

11.7.6 论述题

1. 答：（1）构建超媒体教材：基于各种资源，可以构建结构化、动态化、形象化教学内容的超媒体学科教材。

（2）优化教育环境：基于网络的教育资源构成了一个自由的、共享的、广阔的教育环境，丰富的教育资源从内容、形式到检索、应用都较传统的教育资源提供的环境更优化。

（3）实施多模式教学：基于人工智能的教学系统，能够根据学生的不同个性特点和需求进行教学和提供帮助，实现个性化学习；学科整合、虚拟学习、研究性学习等在网络资源的支持下也更加卓有成效。

2. 答：（1）利用网络搜索引擎检索资源，如百度http://www.baidu.com等。

（2）进入教育网站检索资源，如教育部网站 http://www.moe.edu.cn 等。

（3）利用门户（分类）网站检索资源。

（4）进入论坛获取。

第 12 章　信息化教学教案设计习题

12.1　选择题

1. 随机进入教学策略的理论基础是（　　）。
   A．格式塔理论　　　　　　　　B．动机理论
   C．建构理论　　　　　　　　　D．行为主义理论
2. 信息化教学设计的要素大致包括（　　）。
   A．教学分析　　　　　　　　　B．教学目标
   C．教学模式　　　　　　　　　D．教学媒体与资源
3. 建构主义学习理论认为学习环境包括的要素有（　　）。
   A．情景　　　　　　　　　　　B．协作
   C．会话　　　　　　　　　　　D．意义建构
4. 现行组织者分类包括（　　）。
   A．类属关系　　　　　　　　　B．上位组织者
   C．下位组织者　　　　　　　　D．并列关系
5. 教育信息化技术的特点有（　　）。
   A．数字化　　　　　　　　　　B．网络化
   C．智能化　　　　　　　　　　D．多媒体化

12.2　填空题

1. 学习效果评价设计包括_____和_____。
2. 信息化教学设计是充分利用现代教育技术和信息资源，科学安排教学过程的各个环节和要素，为学习者提供良好的_____，实现教学过程全优化的_____。（祝智庭，2001）
3. 肯普模式的 4 个基本要素是_____、_____、_____和_____。
4. 讲授法的基本程序是_____、_____、_____、_____和_____。
5. 发现学习模式理论基础源自于_____。
6. 史密斯—雷根把教学设计模式划分为 3 个阶段：_____、_____、_____。

12.3　名词解释

1. 情景创设
2. 信息资源设计
3. 自主学习策略设计

4. 协作式学习策略的设计
5. 自主学习的含义
6. 支架式策略（Scaffolding Instruction）
7. 抛锚式教学策略

12.4 简答题

1. 简述信息化教学设计的步骤。
2. 评价内容主要围绕哪 3 个方面？
3. 加涅认为学习活动中学习者内部的心理活动分解成哪 9 个阶段？

12.5 论述题

1. 论述信息化教学设计的核心问题。
2. 论述信息化教学设计理论中容易出现的几种偏向。

12.6 参考答案

12.6.1 选择题

1．C   2．ABCD   3．ABCD   4．ABCD   5．ABCD

12.6.2 填空题

1. 小组对个人的评价　学生个人的自我评价
2. 现代信息技术和信息资源　信息化学习条件
3. 教学目标　学习者特征　教学资源　教学评价
4. 组织教学　导入新课　讲授新课　巩固新课　布置作业
5. 认知学习理论
6. 分析　策略　评价

12.6.3 名词解释

1. 情景创设：创设与当前学习主题相关的、尽可能真实的情境。建构主义认为，学习总是与一定的社会文化背景即"情境"相联系的。

情境创设应分为两种情况：一种是学科内容有严谨结构的情况（数学、物理、化学等理科内容皆具有这种结构），这时要求创设有丰富资源的学习环境，其中应包含许多不同情境的应用实例和有关的信息资料，以便学习者根据自己的兴趣、爱好去主动发现，主动探索；另一种是学科内容不具有严谨结构的情况（语文、外语、历史等文科内容一般具有这种结构），这时应创设接近真实情境的学习环境，在该环境下应能仿真实际情境，从而激发学习者参与交互式学习的积极性，在这个过程中去完成问题的理解、知识的应用和意义的建构。

2．信息资源设计：确定学习本主题所需信息资源的种类和每种资源在学习本主题过程中所起的作用。包括应从何处获取有关的信息资源、如何去获取（用何种手段、方法去获取）以及如何有效地利用这些资源等问题。

3．自主学习策略设计：自主学习策略的设计是整个以学为主教学设计的核心内容之一。在以学为主的建构主义学习环境中常用的教学策略有"支架式教学策略"、"抛锚式教学策略"和"随机进入教学策略"等。根据所选择的不同教学策略，对学生的自主学习应作不同的设计。

4．协作式学习策略的设计：协作学习的目的是在个人自主学习的基础上，通过小组讨论、协商和角色扮演等不同策略来进一步完善和深化对主题的意义建构。整个协作学习过程均应由教师组织引导，讨论的问题可由教师提出也可以由学生提出。

5．自主学习的含义：所谓自主学习，是指学习者在学习活动中具有主体意识和认知能力，发挥自主性和创造性的一种学习过程或学习方式，其基本特征是主体性和参与性。信息技术能为学生创设真实的学习情境，营造轻松、愉悦的学习氛围，学习者在其中可以积极地、自主地参与学习活动。自主学习是学生必须掌握的一种学习态度和能力。

根据维特迈和彼得斯的观点，自主学习的内涵归纳为是基于学生自学的由学生自我组织、自我评价、自我安排学习内容和学习活动的一种学习方式。

6．支架式策略（Scaffolding Instruction）：为学习者建构对知识的理解提供一种概念框架，这种框架中的概念是为发展学习者对问题的进一步理解所需要的，为此需要把复杂的学习任务加以分解，以便将学习者的理解逐步引向深入。

7．抛锚式教学策略：根据建构主义学习理论，学习要建立在有感染力的真实事件和真实问题的基础上，也称为实例、问题教学策略。其中，抛锚为确定这类真实事件或问题，锚为有情节的故事，有助于教师和学生进行探索。

12.6.4 简答题

1．信息化教学设计的步骤为教学目标分析→情景创设→信息资源设计→自主学习策略设计→协作式学习策略的设计→学习效果评价设计。

2．评价内容主要围绕自主学习能力、协作学习过程中做出的贡献、是否达到意义建构的要求3个方面。

3．引起注意、告知学习目标、刺激回忆、呈现刺激材料、根据学习者特征提供学习指导、诱导反应、提供反馈、评定学生成绩、促进知识的保持与迁移。

12.6.5 论述题

1．论述信息化教学设计的核心问题。

信息化教学设计强调发挥学习者在学习过程中的主动性，其核心包括4个方面：教学目标分析、学习情境设计、学习资源设计和教学活动过程设计。

（1）教学目标分析。

在传统的教学设计中（以教为中心），教学目标是教学过程的出发点和归宿，即教学就是以教学目标为起点，以达到教学目标的要求为最终目的。教学内容、教学策略、教育评价等环节都必须围绕教学目标展开。

在信息化教学设计中，教学设计不是从教学目标开始，其最终的目的也不是为了达到特定的教学目标，而是实现对知识的意义建构。这导致在信息化教学设计中不提教学目标，只提意义建构的现象，似乎建构主义环境下没有必要谈教学目标，容易导致教育的虚无主义。我们认为，对所教内容不加区分地一律要求学生完成"意义建构"是不适当的。正确的做法是，在教学目标分析的基础上选出当前所学知识的基本概念、基本方法和基本过程作为当前所学知识的"主题"，然后围绕主题进行意义建构。

（2）学习情境设计。

建构主义认为，学习总是与一定的社会文化背景即"情境"相联系的，在实际情境下进行学习，可以使学习者能利用自己原有认知结构中的有关经验去同化当前学习到的新知识，从而赋予新知识以某种意义。

（3）学习资源设计。

从设计的角度看：学习环境=学习资源+学习工具。

信息化教学设计要求学生主动探索以完成对所学知识的意义建构，这一切必须建立在丰富的资源基础上。不同的学习活动需要不同的学习资源，因此资源的设计者应该清楚所设计的资源能够支持怎样的活动。

（4）教学活动过程设计。

学习者认知机能的发展、情感态度的变化来自于学习者与环境的相互作用，这种相互作用便是学习活动。学习活动可以是个体的，也可以是群体协作的。通过相应的教学活动引发学习者内部的认知加工和思维，从而达到发展学习者心理机能的目的。

2．论述信息化教学设计理论中容易出现的几种偏向。

（1）忽视教学目标分析。

在信息化教学设计中，由于强调学生是学习过程的主体、是意义的主动建构者，所以是把学生对知识的意义建构作为整个学习过程的最终目的。因此，在当前以学为中心的教学设计中往往存在一种偏向，即看不到教学目标分析这类字眼，"教学目标"被"意义建构"所取代。应该在进行教学目标分析的基础上选出当前所学知识中的基本概念、基本原理、基本方法和基本过程作为当前所学知识的"主题"，然后再围绕这个主题进行意义建构。

（2）忽视教师指导作用。

建构主义倡导学生是学习的中心，学生是信息加工的主体，是知识意义的主动建构者，因此，在信息化教学设计过程中充分考虑如何体现学生的主体作用，用各种手段促进学生主动建构知识意义，这很容易导致人们忽略教师的作用。事实上，以学为中心的教学设计的每一个环节（情境创设、协作学习、会话交流和意义建构）若想取得较理想的学习效果都离不开教师的认真组织和精心指导。以学生为中心，并不意味着教师责任的减轻、教师作用的降低，而是恰恰相反，这两方面都对教师提出了更高的要求。如果以学为中心的教学设计忽视了教师作用的发挥，忽视了师生交互的设计，那么学生的学习将会成为没有目标的盲目探索，讨论交流将成为不着边际的漫谈，意义建构将会事倍功半——花费很多时间、不得要领，甚至可能钻进牛角尖。

（3）忽视自主学习设计。

建构主义强调学生主动建构知识的意义，强调在真实情境中进行学习。

在信息化教学设计中，过分强调学习环境而忽略自主学习设计，则是一种本末倒置。建构主义强调的"意义的建构"是要由学习者自己在适当的学习环境下通过主动探索、主动发现，即通过自主学习来完成。学习者是学习过程的主体，学习者的自主学习才是对所学知识实现意义建构的"内因"，学习环境只是促进学习者主动建构知识意义的外部条件，是一种"外因"，外因要通过内因才能起作用。因此，设计学习环境是必要的，但是更应重视学习者自主学习的设计。

第13章 多媒体课件制作技术习题

13.1 选择题

1. 在 Flash 课件制作中，（　　）是课件制作的基础，而动画是课件制作的灵魂。
   A．AS 语言　　　　　　　　　　B．工具的使用
   C．绘图　　　　　　　　　　　　D．动画

2. 为了避免 Flash 课件循环播放，一般需要在整个动画的最后一帧加上"停止"动作，用于定义它的脚本的是（　　）。
   A．stop()　　　　　　　　　　　B．stop
   C．Stop()　　　　　　　　　　　D．play()

3. 下列选项中（　　）不是课件制作的原则（　　）。
   A．教学性原则　　　　　　　　　B．控制性原则
   C．科学性原则　　　　　　　　　D．灵活性原则

4. 下列（　　）课件不是按照课件的功能来分类的。
   A．实验型　　　　　　　　　　　B．课程辅导型
   C．测试训练式　　　　　　　　　D．固定型

5. 在多媒体 CAI 课件文字素材中，纯文本文件格式的扩展名是（　　）。
   A．RTF　　　　　　　　　　　　B．WPS
   C．TXT　　　　　　　　　　　　D．DOS

6. 多媒体课件制作的意义在于（　　）。
   A．提高广大教师的计算机水平　　B．提高教师的信息技术素养
   C．深化对教学设计的理解和认识　D．促进信息技术与学科课程的整合

7. 在 Flash 按钮中定义对鼠标做出反应的区域是在（　　）。
   A．"单击"帧　　　　　　　　　　B．"弹起"帧
   C．"指针经过"帧　　　　　　　　D．"按下"帧

8. 动作脚本 on(press){gotoAndPlay(3);} 应该加在（　　）上。
   A．关键帧　　　　　　　　　　　B．普通帧
   C．按钮　　　　　　　　　　　　D．图形元件

9. 在输出 Flash 动画的时候，可以防止其他用户将制作的影片文档导入 Flash 中修改的选项是（　　）。
   A．防止导入　　　　　　　　　　B．输出到网页
   C．压缩影片　　　　　　　　　　D．保存为 FLA 文档

10. 扩充 Flash "公用库"不能运用的方法是（　　）。
    A．创建各种类型的元件库

B．将分类制作的影片文档存放在 Macromedia 的安装路径下
C．要分门别类，按科学来组织
D．删除原公用库的内容，增加新的元件

11．制作完 Flash 课件后，不能将文件发布为（　　）类型。
　　A．EXE　　　　　　　　　　　　B．MOV
　　C．HQX　　　　　　　　　　　　D．PHP

13.2　填空题

1．Flash 制作交互课件具有很大优势，主要表现在_____、_____和_____3 个方面。

2．智能库课件的程序结构分为两个层次，第一个层次是_____，第二个层次是_____。

3．目前有些乡村学校硬件设施比较薄弱，很多教室没有配备电脑和投影仪，还是原来的电视机和 VCD 机的模式。那么在普通教室利用 VCD 模式播放 Flash 课件的方法是_____。

4．积件不同于一般的课件，它具有_____，能让教师自由地根据教学情况来组合课件。积件思想主要是用庞大的_____来解决素材难找的问题，用可任意拆解组合的开放课件取代传统的封闭课件。

5．在规划多场景导航课件时，主要使用的是_____、_____的程序设计方法。具体设计方法是，根据课件的内容，将其分解为一个_____和几个_____，前者用来控制和调度各个课件功能模块的播放，后者具体实现相应课件内容的展示。

6．对于比较大的 Flash 课件，如果想在 Internet 上播放，最好在课件的开始处加入_____，等到整个课件都下载完成后再播放。其目的是使用户避免盲目等待，使课件能流畅播放，这个画面也就是_____。

13.3　判断题

1．如果为视频文件额外配置声音，那么必须用声音图标和电影图标。　　　　（　　）
2．录音机中的声音可以直接插入课件中。　　　　　　　　　　　　　　　　（　　）

13.4　名词解释

1．课件
2．计算机辅助教学
3．基于网络的协作学习
4．积件

13.5 简答题

1. 简述多媒体课件设计与制作的步骤。
2. 多媒体课件按组织结构分可分为哪几种类型？
3. 多媒体课件按照在 CAI 中所进行的教学活动特点来分可分为哪几种类型？

13.6 论述题

浅谈我国多媒体课件制作中存在的问题。

13.7 参考答案

13.7.1 选择题

1. C　2. A　3. B　4. D　5. C　6. ABCD　7. A　8. C　9. A　10. D　11. D

13.7.2 填空题

1. 类型丰富　重复使用　制作简单
2. 测验题目文件　题库智能管理程序
3. 将 Flash 课件导出为 AVI 视频文件，再将 AVI 文件刻录为 VCD
4. 拆解及组合的灵活性　积件库
5. 结构化　模块化　主控模块　功能模块
6. 动画预载画面　Loading

13.7.3 判断题

1. ×　2. ×

13.7.4 名词解释

1. 呈现教学内容，接受学生的要求和回答，指导和控制教学活动的程度及有关的教学资料称为课件。其中利用文字、图形、图像、声音、动画、视频等元素呈现教学内容、接受学生的要求和回答，指导和控制教学活动的程序及有关的教学资料称为多媒体课件。
2. 计算机辅助教学：利用计算机多媒体功能进行辅助课堂教学的方法。
3. 基于网络的协作学习：指利用计算机网络以及多媒体等相关技术建立协作学习环境，使教师与学生、学生与学生针对同一学习内容彼此讨论、交互合作，以达到对教学内容比较深刻的理解与掌握的过程。
4. 积件：是由教师和学生根据教学需要自己组合运用多媒体教学信息资源的教学软件系统。该系统不是在技术上把教学资源素材库和多媒体著作平台简单叠加，而是积件库与积件组合平台的有机结合，其中积件库中的多媒体资料库、微教学单元库、资料呈现方式库、教与学策略库、网上环境积件资源库为师生利用积件组合平台制作教学软件提供了充足的素材来源和多种有效途径，灵活易用的积件组合平台则是充分发挥师生创造性的有力工具。

13.7.5 简答题

1．答：（1）确定课题。
（2）教学设计。
（3）多媒体课件系统设计。
（4）脚本编写。
（5）界面设计。
（6）建立制作标准与准备素材。
（7）制作、调试与评价反馈。
2．答：按组织方式的不同可以分为3类：固定结构类型、生成型结构和智能型结构。
3．答：（1）课堂演示型。
（2）学生自主学习型。
（3）专业技能训练型。
（4）课外学生检索阅读型。
（5）教学游戏型。
（6）模拟型。

13.7.6 论述题

答：①课件选材立意不当，开发价值不高；②课件的灵活性、可控性和易用性不强，课件缺乏严谨的科学性；③课件的内容易过时，缺少前沿性；④课件缺少艺术性；⑤课件兼容性和稳定性不高。

第14章 微课程设计与制作习题

14.1 选择题

1. Camtasia Studio 默认屏幕尺寸是（　　）。
   A．640*480　　　　　　　　　　B．720*576
   C．1080*1920　　　　　　　　　D．320*286
2. 亿图专家的项目文件扩展名是（　　）。
   A．aep　　　　　　　　　　　　B．cjp
   C．fov　　　　　　　　　　　　D．eddx
3. 在 Camtasia Studio 的配音面板中可以设置（　　）。
   A．系统音量　　　　　　　　　　B．轨道
   C．持续时间　　　　　　　　　　D．麦克风音量
4. 以下属于屏幕录制软件的有（　　）。
   A．Camtasia Studio　　　　　　 B．SnagIt
   C．CyberLink　　　　　　　　　D．YouCam
5. 网络在线播放的流媒体格式有（　　）。
   A．rm　　　　　　　　　　　　 B．wmv
   C．flv　　　　　　　　　　　　 D．wav

14.2 填空题

1. 教育教学中，微课所讲授的内容呈_____，这些知识点，可以是_____、_____、_____；也可以是_____、_____等技能方面的知识讲解和展示。
2. 微课类型可分为_____、_____、_____、_____、_____等。
3. 微课程设计方案是在微课程开发之前教师对微课程的_____、_____、_____、_____等进行的系统规划。
4. 微课选取的教学内容一般要求_____、_____、_____。
5. 屏幕录制软件+手写板+画图工具包含的工具与软件有_____、_____、_____等。

14.3 判断题

1. 微视频就是微课程。　　　　　　　　　　　　　　　　　　　　　　　（　　）
2. 微课程不利于系统化学习知识。　　　　　　　　　　　　　　　　　　（　　）

3．翻转课堂与传统课堂的主要区别就是教学形式发生了变化。　　　　　（　　）
4．在 Camtasia Studio 中标题和标注功能是一样的。　　　　　　　　（　　）
5．在 Camtasia Studio 中不能对音频和视频进行删除。　　　　　　　（　　）

14.4　名词解释

1．微课
2．学习任务单
3．微课程
4．微课程设计方案

14.5　简答题

1．简述微课程的六要素。
2．写出按照课堂教学方法的微课分类。
3．简述数码相机+黑板制作微课程的过程。
4．简述屏幕录制软件+PPT 制作微课程的过程。
5．简述手机+白纸制作微课程的过程。

14.6　论述题

论述微课程的主要特点。

14.7　参考答案

14.7.1　填空题

1．A　　2．D　　3．BCD　　4．ABCD　　5．ABC

14.7.2　填空题

1．点状　碎片化　教材解读　题型精讲　考点归纳　方法传授　教学经验
2．复习类　新课导入类　知识理解类　练习巩固类　小结拓展类
3．教学目标　教学内容　教学活动　教学评价　媒体表现
4．主题突出　指向明确　相对完整
5．屏幕录像软件　手写板　麦克风　画图工具

14.7.3　判断题

1．×　　2．×　　3．×　　4．×　　5．×

14.7.4 名词解释

1. 微课是指以学习理论、教学理论以及教育传播为指导，利用现代教育技术手段制作在5分钟左右就学习中的难点、热点、疑点以及考点等进行针对性讲解的一段视频或音频。
2. 学习任务单是为学生设计的，告知学生如何利用微课程开展学习，并说明与相关教学活动的衔接问题等。
3. 微课程系列相关微课形成的课程就是微课程。
4. 微课程设计方案是在微课程开发之前教师对微课程的教学目标、教学内容、教学活动、教学评价、媒体表现等进行的系统规划。

14.7.5 简答题

1. 微课程的六要素如下：
   - 精美：设计精美，音乐、画面、文字都极精、极简、极富美感。
   - 简洁：只5分钟左右，一事一议，开门见山，直入主题，直抓关键词。
   - 具体：以小见大，直指原因或对策，将理论暗含于问题、故事、策略中。
   - 意外：巧妙设疑，有悬念、层层递进，总有让人想不到的地方，又总有恍然大悟的感觉。
   - 深刻：能看到问题背后的问题，引发对问题本质的思考。
   - 情感：有情感共鸣，不知不觉地产生亲近感与认同感。

2. 按照课堂教学方法来分类。根据李秉德教授对我国中小学教学活动中常用的教学方法的分类总结，同时也为便于一线教师对微课分类的理解和实践开发的可操作性，初步将微课划分为11类，分别为讲授类、问答类、启发类、讨论类、演示类、练习类、实验类、表演类、自主学习类、合作学习类、探究学习类。

3. 第一步，针对微课主题进行详细的教学设计，形成教案；第二步，利用黑板展开教学过程，利用数码相机将整个过程拍摄下来；第三步，对视频进行简单的后期制作，可以进行必要的编辑和美化。

4. 第一步，针对所选定的教学主题搜集教学材料和媒体素材，制作PPT课件；第二步，在电脑屏幕上同时打开视频录像软件和教学PPT，执教者戴好耳麦，调整好话筒的位置和音量，并调整好PPT界面和录屏界面的位置，然后单击"录制桌面"按钮开始录制，执教者一边演示一边讲解，可以配合标记工具或其他多媒体软件或素材，尽量使教学过程生动有趣；第三步，对录制完成后的教学视频进行必要的处理和美化。

5. 第一步，针对微课主题进行详细的教学设计，形成教案；第二步，用笔在白纸上展现出教学过程，可以进行画图、书写、标记等行为，在他人的帮助下用手机将教学过程拍摄下来，尽量保证语音清晰、画面稳定、演算过程逻辑性强，解答或教授过程明了易懂；第三步，可以进行必要的编辑和美化。

14.7.6 论述题

答：微课程的主要特点如下：
- 教学时间较短：教学视频是微课的核心组成内容。根据中小学生的认知特点和学习规律，微课的时长一般为 5~8 分钟左右，最长不宜超过 10 分钟。因此，相对于传统的 40 或 45 分钟的一节课的教学课例来说，微课可以称为"课例片段"或"微课例"。

- 教学内容较少：相对于较宽泛的传统课堂，微课的问题聚集、主题突出，更适合教师的需要。微课主要是为了突出课堂教学中某个学科知识点（如教学中的重点、难点、疑点内容）的教学，或是反映课堂中某个教学环节、教学主题的教与学活动，相对于传统一节课要完成的复杂众多的教学内容，微课的内容更加精简，因此又可以称为微课堂。

- 资源容量较小：从大小上来说，微课视频及配套辅助资源的总容量一般在几十兆左右，视频格式必须是支持网络在线播放的流媒体格式（如 rm、wmv、flv 等），师生可流畅地在线观摩课例，查看教案、课件等辅助资源；也可灵活方便地将其下载保存到终端设备（如笔记本电脑、手机、MP4 等）上实现移动学习，非常适合于教师的观摩、评课、反思和研究。

- 资源组成情景化：资源使用方便。微课选取的教学内容一般要求主题突出、指向明确、相对完整。它以教学视频片段为主线"统整"教学设计、课堂教学时使用到的多媒体素材和课件、教师课后的教学反思、学生的反馈意见及学科专家的文字点评等相关教学资源，构成了一个主题鲜明、类型多样、结构紧凑的"主题单元资源包"，营造了一个真实的"微教学资源环境"。这使得"微课"资源具有视频教学案例的特征。广大教师和学生在这种真实的、具体的、典型案例化的教与学情景中易于实现"隐性知识"、"默会知识"等高阶思维能力的学习并实现教学观念、技能、风格的模仿、迁移和提升，从而迅速提升教师的课堂教学水平，促进教师的专业成长，提高学生的学业水平。

第15章 MOOCs 平台习题

15.1 填空题

1. MOOC 课程具有的基本原则是_____、_____、_____和_____。
2. MOOC 不仅是_____和_____的聚集，更是一种通过共同的话题或某一领域的讨论将_____和_____连接起来的方式。
3. 第一个 MOOC 平台大约出现在_____年，美国斯坦福大学教授_____把他研究的人工智能课程放在了互联网上。
4. 相较于传统视频课的资源封闭、资源固结、难以修改、教师教为主，显然微课有着_____、_____和_____等优点，同时微课的录制对象、学习对象可以是任何人。

15.2 名词解释

1. MOOC
2. 集结
3. 微课

15.3 简答题

1. MOOC 的特点有哪些？
2. 简述连结主义式的教学设计原则。
3. 微课的特征主要包括哪些方面？
4. 微课制作的一般流程是什么？

15.4 论述题

1. 论述 MOOC 课程使用的技术平台及在课程中的作用。
2. 论述微课与课堂教学的区别。
3. 论述微课视频录制的要点与后期制作的原则。

15.5 参考答案

15.5.1 填空题

1. 汇聚　混合　转用　推动分享

2. 学习内容　学习者　教师　学习者
3. 2011　塞巴斯蒂安史朗
4. 易搜索　易传播　应用范围广

15.5.2　名词解释

1. MOOC：英文全称是 Massive Open Online Course，中文全称为大规模在线开放课程，是一种新的课程模式，具有比较完整的课程结构，这是一般网络主题所没有的；开放的教育领域，没有人数、时间、地点的限制，通过网络传播。

2. 集结：连结主义式的 MOOC 让大量的资料能在线上不同网站传播，然后再将各种资讯集结成通讯报导或网页，以方便让参与者读取。这和传统课程相反，因为传统课程的内容是事先准备好的。

3. 微课：是指以视频为主要载体，记录教师在课堂内外教育教学过程中围绕某个知识点（重点、难点、疑点）或教学环节而开展的精彩的教与学活动的全过程。

15.5.3　简答题

1. MOOC 具有开放性（Open，就是说学习者是来自全球各地的，信息来源、评价过程、学习环境都是开放的）、大规模（Massive，指大量的学习者参与课程）、组织和社会性等特点。

2. （1）集结：连结主义式的 MOOC 让大量的资料能在线上不同网站传播，然后再将各种资讯集结成通讯报导或网页，以方便让参与者读取。这和传统课程相反，因为传统课程的内容是事先准备好的。

（2）混编：连结课程内的教材或其他内容。

（3）重新制定目标：重新编排教学内容以配合不同学习者的目标。

（4）回馈：与其他学习者或全世界分享依不同学习目标编排的教学内容和想法。

3. 微课程的特征包括：主持人讲授性、流媒体播放性、教学时间较短、教学内容较少、资源容量较小、精致教学设计、经典示范案例、自主学习为主、制作简便实用、配套相关材料。

4. 微课制作的一般流程是：选题→教案编写→制作课件→教学实施与拍摄→后期制作→教学反思。

15.5.4　论述题

1. 课程中心网络、虚拟教室工具、人际互动工具、课程资源分享工具、课程内容和学习者生成的内容经过课程协调人整理后通过 RSS 或课程日报邮件等形式分享。MOOC 与传统的开放课程相比具有易于使用、免费使用、工具和资源多元化、自主学习、社会性建构的优势。

2. 微课是模拟一对一的教学情景，区别于一对多注重教师教的课堂教学，微课类似于一对一辅导，注重学生学，在较短的时间内讲授一个知识点。

微课要避免黑板搬家，而是解决用传统教学很难解决的重点、难点问题。

3. （1）录制要点：

- 录制背景最好是白色或浅色，不要出现其他杂物。
- 声音大小合理，摄像头不朦胧，摄像角度最好从正面。
- 如果不习惯，可以让一个学生坐在对面，就好像是给他辅导一样。

- 不要录制课堂教学。
- 对幼儿园或小学低年级可以与学生一起录制视频放入 PPT。
- 特殊人群如教授聋哑学生则可以采用特殊的录制方式。
- 录制时调整电脑分辨率为 1024*768，颜色位数为 16 位。

（2）后期制作原则：

- 时间不超过 5 分钟，超过 5 分钟不能通过初审。
- 如果声音太小或太大，可以适当调整。
- 视频尺寸为 640*480 或 320*240，视频格式为 FLV、MP4，音频最好采用 MP3 格式。

第 16 章 翻转课堂教学习题

16.1 选择题

1. 以下不属于翻转课堂典型范式的是（　　）。
   A. 可罕学院模型
   B. 河畔联合学区模型
   C. 斯坦福大学模型
   D. 网络学院
2. 以下说法中正确的是（　　）。
   A. 翻转课堂学习是无序的
   B. 翻转课堂是一种建构主义学习
   C. 翻转课堂教学中学生可以不用上课
   D. 翻转课堂可以使所有学生都得到个性化教育
3. 以下说法中不正确的是（　　）。
   A. 作为一线教师，并不需要多么"先进"的教学模式，不在乎课堂是否翻转，应该关注的是如何把课堂控制好，如何把课上好，学生如何把所学知识有效内化
   B. 与其说翻转课堂是对传统讲授式教学的一种颠覆，不如说是对讲授式教学的一种补充和发展
   C. 翻转课堂这种教学模式增加了教育经验，能够提供个别化教学并且使得学生成为更加独立的学习者
   D. 翻转课堂教学模式增加了教育经验，能够提供个别化教学并且使得学生成为更加独立的学习者，但是这种模式对社会不利，因为如果每个课堂都使用这种模式的话，学生在课堂里学习一个小时，还要在课堂外额外利用一小时来学习教学材料，学生将接受相对于原来仅仅参加学校学习的两倍的教学内容

16.2 填空题

1. 翻转课堂是指重新调整_____，将学习的决定权从教师转移给学生。
2. 翻转课堂最大的好处就是全面提升了_____，具体表现在教师和学生之间以及学生与学生之间。
3. 促进师生共同发展的"翻转课堂"教学模型这一技术支持下的"翻转课堂"是以_____为核心，教师则升格为学生学习的_____、_____、_____和学习伙伴。
4. 传统课堂教学模式是课堂讲授加课后作业，而翻转课堂教学模式是课前_____、课堂_____。

16.3 判断题

1. 翻转课堂是让学生对自己的学习负责的环境。   （   ）
2. 翻转课堂是在线视频的代名词。翻转课堂除了教学视频外，还有面对面的互动时间，与同学和教师一起发生有意义的学习活动。   （   ）
3. 翻转课堂是对基于印刷术的传统课堂教学结构与教学流程的彻底颠覆，由此将引发教师角色、课程模式、管理模式等一系列的变革。   （   ）
4. 以纸质笔试的方式没办法测试出学生在翻转教学中的学习效果。   （   ）

16.4 名词解释

翻转课堂

16.5 简答题

1. 翻转课堂有哪些特点？
2. 翻转课堂的实质是什么？
3. 翻转课堂的常见误区有哪些？
4. 翻转课堂与传统课堂各要素之间有什么不同？

16.6 论述题

请简要论述我国翻转课堂教学目前存在的问题。

16.7 参考答案

16.7.1 选择题

1. D   2. D   3. A

16.7.2 填空题

1. 课堂内外的时间
2. 课堂的互动
3. 学生　设计者　指导者　帮助者
4. 学习　探究

16.7.3 判断题

1. √   2. ×   3. √   4. ×

16.7.4 名词解释

翻转课堂：是教师创建视频，学生在家中或课外观看视频中教师的讲解，回到课堂上师生面对面交流和完成作业的一种教学形态。

16.7.5 简答题

1. 翻转课堂具有以下特点：
(1) 视频短小精悍。
(2) 教学信息清晰明确。
(3) 建构学习流程。
(4) 复习检测方便快捷。

2. (1) 增加学生和教师互动和个性化沟通的方法。
(2) 学生自主学习的环境。
(3) 教师不再是讲台上的圣人，而是身边的导师。
(4) 直接指导和建议式学习的混合模式。
(5) 翻转课堂让那些因病或参加活动的学生不会被落下功课。
(6) 翻转课堂的内容被永久保存，可供查阅和修正。
(7) 所有的学生都参与到学习中。
(8) 所有的学生都能获得个性化教育。

3. (1) 在线视频的代名词。
(2) 用视频替代教师。
(3) 在线课程。
(4) 学生没有教师指导。
(5) 学生整堂课都盯着电脑屏幕。
(6) 学生孤立地学习，没有社交和互动。

4. 传统课堂教师是知识管理者、知识传授者，而翻转课堂教师是学习指导者和促进者；传统课堂学生是知识接收者，而翻转课堂学生是主动研究者；传统课堂教学模式是课堂讲授加课后作业，而翻转课堂教学模式是课前学习、课堂探究；传统课堂的课堂内容是知识讲解传授，而翻转课堂的课堂内容是问题探究；传统课堂的技术应用是内容展示，而翻转课堂是自主学习、交流反思、协作讨论工具；传统课堂的评价方式是传统纸质测试，而翻转课堂的评价方式是多角度多方式的。

16.7.6 论述题

答：问题 1：学生在家看视频效果如何把握。
问题 2：大量视频制作考验老师能力。
问题 3：翻转课堂是不是降低了老师上课的作用。

参考资料

[1] 图像素材处理：http://www.wendangku.net/doc/347f0b7302768e9951e73877.html.
[2] 多媒体课件界面的设计与制作：http://www.docin.com/p-830083858.html.
[3] 在 Photoshop 中钢笔工具怎么用：http://wenda.haosou.com/q/1378208673063096.
[4] 内江师范学院校园风光：http://www.njtc.edu.cn/channels/7.html.
[5] 动画制作：http://baike.haosou.com/doc/462511-489739.html.
[6] 信息化教学系统设计：http://blog.sina.com.cn/s/blog_3d888a0c010186nv.html.
[7] 百度文库．关于教学流程图：http://www.doc88.com/p-3836733027395.html.
[8] 百度文库．Edraw Max 使用手册：http://www.doc88.com/p-999978141523.html.
[9] 百度文库．以教为中心和以学为中心的教案设计：http://wenku.baidu.com/link?url=kJBpLL6Wpr2RaVELh0xPkC85KboPYEjyMdUU5_ihl04tu7vnGeI-ftc1aUE6rX-VuwVxLrVDYsYQQJuH9VqA8ThrfJJDXE4az_2078UTHk_.
[10] 百度文库．思维导图绘制步骤：http://www.hujiang.com/mindmap_s/p499741/.
[11] 浅谈微课程制作之我见：http://blog.sina.com.cn/s/blog_dbc4e4930101krow.html.
[12] 百度文库．微课程设计与应用：http://www.doc88.com/p-1803005599320.html.
[13] 百度文库．紫藤萝瀑布：http://wenku.baidu.com/link?url=NeEmzjERKhFxtB_EdrdoghmVqVdhWN9KkZAlsU0OcdxroJ3PB5igYC9Y4LoJl4OdXi2BfeW5PgztpQ_TbWuUkgYks3AAHmgQYSM0RWleSy.
[14] 百度文库．《紫藤萝瀑布》微课程任务单：http://wenku.baidu.com/link?url=NeEmzjERKhFxtB_GEdrdoghmVqVdhWN9KkZAlsU0OcdxroJ3PB5igYC9Y4LoJl4OdXi2BfeW5PgztpQ_TbWuUkgYks3AAHmgQYSM0RWleSy.
[15] 浙江微课网．兔八哥：http://wk.zjer.cn/wkzp/index_2.htm.
[16] 百度文库．微课程标准：http://wenku.baidu.com/link?url=BwqGVXReFRXSYcXIKktylsukyncbBQhxtfx-4khdn8xvqlJAODMyE4odS2XzsZr5y9mvA_gY827lWIFnsj7lN_dXrG9jkgGCW1rCI5u7B_7.
[17] 百度文库．视频采集：http://baike.baidu.com/link?url=-jB1x3KAy41BRsORTASA2 xbxccBS-RFhzPWcLKBuoljQ8sRDNQfXcroxsGUKr7pltBJ5lWLfIW9e49HP1coqqa.
[18] 百度文库．声音修复：http://wenku.baidu.com/link?url=M2tCPKqC0fHVcsnkSY8WUy-9IsjXklRqA-rmPBl6GJgJo2jslB5bsLgjzibHr4Hb2MEfXKlTu5NidFCu0MQqFviYete0-CvTiegu-ZD8C3.